Appel/Kleine Schaars
Anleitung zur Selbstständigkeit

Jan-Willem und Marjolein
Ich bleibe auf der Suche
nach etwas Verbindendem

Willem

Marja Appel / Willem Kleine Schaars

Anleitung zur Selbstständigkeit

Wie Menschen mit geistiger Behinderung
Verantwortung für sich übernehmen

Übersetzung aus dem Niederländischen
und deutsche Bearbeitung von Regina Humbert

Mit einem Vorwort von Michael Tüllmann
und Reinhard Koch

2. Auflage

Beltz Verlag · Weinheim und Basel

Titel der Originalausgabe: Groeien naar Gelijkwaardigheid.
Begeleiden van mensen in een tehuis. © 1992 Uitgeverij H. Nelissen
B. V., Baarn. Der Übersetzung liegt die 3. Auflage von 1997 zu
Grunde.

Marja Appel, Jg. 1958 und *Willem Kleine Schaars*, Jg. 1951, haben
als Sozialpädagogin und Leiter in der Wohnstätte de Blokhorst in
Zwolle, Niederlande, gearbeitet und dort die Methodik dieses
Buches entwickelt. Beide bieten als selbstständige Berater Seminare
und Trainings für Gruppenleiter und Teams dazu an.

Lektorat: Richard Grübling
2., unveränderte Auflage 2002

© 1999 Beltz Verlag · Weinheim und Basel
www.beltz.de
Herstellung: Lore Amann
Satz: Mediapartner Satz & Repro GmbH, Hemsbach
Druck: Druckhaus Beltz, Hemsbach
Umschlaggestaltung: Federico Luci, Köln
Umschlagfoto: Klaus Günter Kohn, Braunschweig
Printed in Germany

ISBN 3-407-55830-9

Inhaltsverzeichnis

Regionale Unterschiede beachten!

Vorwort zur deutschen Ausgabe

»Anleitung zur Selbstständigkeit« wird für viele deutsche Behinderteneinrichtungen als inhaltliche Herausforderung gesehen werden. Wenn man das Buch unter dem derzeit dominierenden Blickwinkel »Qualitätssicherung« liest, fällt nämlich auf, dass die Ansprüche und Vorstellungen der Einrichtungsleitungen, der Beschäftigten, der Sorgeberechtigten, der die Hilfen finanzierenden Institutionen in diesem Buch kaum vorkommen. Alles dreht sich allein um die Bewohner, denn in der niederländischen Einrichtung de Blokhorst geht es darum, eine sehr weitgehende Unabhängigkeit und Selbstständigkeit der BewohnerInnen möglich zu machen.

Dieses Ziel, Menschen mit z. T. sehr einschränkenden Behinderungen ein normales und selbstbestimmtes Leben zu ermöglichen, hat, neben dem sicher unbestrittenen ethischen Wert auch einen materiellen Aspekt. Die sehr konkreten und praxisnahen Beschreibungen der Ausgangslagen und der mit den Bewohnern erreichten Ziele machen deutlich, dass in allen diesen Fällen die Hilfen nach einiger Zeit deutlich reduziert werden konnten. Mit anderen Worten, die Betreuung wurde effektiver und effizienter, weil Hilfeleistungen durch eigene Aktivitäten der Bewohner substituiert wurden. Mehr Effektivität und Effizienz ist in der Behindertenhilfe dringend notwendig, da hier auch Menschen betreut werden, die trotz Erreichung ihrer größtmöglichen individuellen Selbstständigkeit auf die Hilfe anderer sehr intensiv angewiesen bleiben. Diese Menschen sind angesichts geringer werdender Budgets darauf angewiesen, dass die zu größerer Selbstständigkeit fähigen behinderten Menschen so weit wie möglich von kostenintensiven Betreuungen unabhängig werden.

Wenn dies gelingt, wie in diesem Buch beschrieben, wird der von der internationalen »Independent Living Organisation« favorisierte

Ansatz »Supported Living« für alle Menschen unabhängig von der Schwere ihrer Behinderung realisierbar. Dieser Ansatz kann dann Betreuungsformen ablösen, die persönliche Selbstbestimmung nur jener Minderheit von Menschen zugestehen, die weitgehend selbstständig leben kann. Selbstbestimmung kann aber unabhängig von einem vorgegebenen Ausmaß an Selbstständigkeit realisiert werden, sofern Ziele, Methoden, Assistenz und Begleitprozesse subjektorientiert geplant, umgesetzt und beurteilt werden. Eine solche Praxis ist die Voraussetzung jeder fachlich vertretbaren Qualitätssicherung, will man vermeiden, dass eine unzureichende Praxis durch Qualitätssicherungssysteme auch noch legitimiert wird.

Das vorliegende Buch ist ein gelungener Versuch, die notwendige Paradigmenverschiebung für eine qualitativ neue Praxis zu fördern.

Michael Tüllmann
Leiter der Abteilung Behindertenhilfe des Rauhen Hauses in Hamburg
Dr. Reinhard Koch
Geschäftsführer des Instituts des Rauhen Hauses für Soziale Praxis

Vorwort

In diesem Buch beschreiben wir eine Methode, die wir in de Blokhorst, einer Wohneinrichtung in den Niederlanden, in der wir beide arbeiteten, entwickelt haben. Diese Methode hat sich aus unserer Vorstellung heraus entwickelt, dass Bewohner zu viel mehr fähig sind, als wir Helfer denken. Unter »mehr« verstehen wir, dass ein Bewohner – sofern wir es nur fertig bringen, ihm wirklich Raum und Gelegenheiten zu lassen – lernt, sich unabhängiger zu verhalten und folglich mehr Eigenverantwortung zu übernehmen, auf diese Weise seinen eigenen Weg der Entwicklung sozialer und praktischer Fähigkeiten zu gehen.

Diese Methode beinhaltet gezielte Verfahren, mit denen unsere Vorstellung individuell für jeden Bewohner, unabhängig vom Grad seiner Behinderung, umgesetzt werden kann. Darüber hinaus bricht sie festgefahrene Verhaltensmuster auf und dient Gruppenleitern fortlaufend zur Überprüfung der Qualität ihrer Arbeit.

Wir beschreiben den Prozess, den unser Team durchlief, um Bewohner zu mehr Selbstbestimmung zu führen und die daraus entwickelte Methode. Mit Beispielen aus unserer Praxis veranschaulichen wir das. Der Arbeitsbereich in diesem Buch ist die Wohneinrichtung, in der wir arbeiten. Die Methode kann aber ebenso gut in anderen Gruppen eingesetzt werden.

Das Buch richtet sich an Mitarbeiter der Behindertenhilfe und zukünftige Gruppenleiter. Aber auch für Familienangehörige der Bewohner und andere Betroffene können die Informationen hilfreich sein.

Der besseren Lesbarkeit wegen verwenden wir im Text nur die männliche Form.

Marja Appel und Willem Kleine Schaars

1. Einleitung

Wir meinen es ja gut, aber sind wir nicht doch überbehütend? Diese Frage beschäftigte unser Team. Sie führte zu dem Entschluss, den Bewohnern mehr Freiraum zu lassen und ihnen alle Möglichkeiten zu eröffnen, ihr eigenes Leben zu leben. Welche Arbeitsform wir dafür entwickelten und welches Resultat wir erzielten, ist in diesem Buch beschrieben.

»Anleitung zur Selbstständigkeit« beschäftigt sich mit den Interessen von Menschen, die in Abhängigkeit leben. Das können Menschen mit geistiger Behinderung sein, schwer erziehbare Jugendliche oder Menschen, die in einer beschützenden Wohneinrichtung oder psychiatrischen Klinik leben. Kurz, Menschen, die vorübergehend oder ständig Hilfe und Begleitung brauchen, weil sie im gegebenen Moment nicht gut allein zurechtkommen.

Ein Mensch in einer solchen Situation ist oft von seiner Umgebung abhängig, das heißt, besonders von seinen unmittelbaren Betreuern. Sie bestimmen zumeist das Maß seiner Entwicklung.

In den letzten Jahren entstand in der Behindertenhilfe die Vision, Menschen unabhängiger von Dritten und selbstständiger handeln zu lassen, sodass sie selbst wieder ihren persönlichen Lebensinhalt bestimmen. Im Zentrum dieser Idee stehen die Begriffe *Gleichberechtigung, Stärke* und *Eigenverantwortlichkeit*. Vor allem im Rahmen der Berufsausbildungen wird darauf immer mehr Wert gelegt. Aber auch in der Praxis nimmt dieser Akzent zu.

Wozu dieses Buch?

Noch ist die oben genannte Vision zu wenig in die Praxis integriert. So droht die Gefahr, dass nur wenig vom ursprünglichen Ziel übrig bleibt, zumal es noch keine definierte Methode gibt, an die man sich im Alltag halten kann. Folge davon ist, dass jede Maßnahme oder Einrichtung sich eine eigene Arbeitsweise zurechtlegt, dass alles beim Alten bleibt und die Bewohner nicht den Freiraum bekommen, in dem sie ihre persönlichen Grenzen finden können.

Wenn Sie zum Beispiel ein Schreibmaschinendiplom erworben haben, können Sie überall Ihr Können anwenden, denn Schreibmaschinen funktionieren überall gleich. Die Grundlage und die Methode sind gleich. So etwas fehlt aber in der Behindertenhilfe. Jede Einrichtung hat sozusagen ihre eigene Schreibmaschine, und die Buchstaben sind immer anders angeordnet. Bewohner wie Betreuer sind dadurch oft gezwungen, sich an die jeweiligen Spielregeln und Arbeitsformen anzupassen. Das wiederum geht auf Kosten von Qualität und Effizienz.

Aus diesen Gründen haben wir eine Methode entwickelt, deren Ziel es ist, die Unabhängigkeit unserer Klienten zu vergrößern und zu sichern, und zwar unabhängig von solchen Faktoren, die eigentlich keinen Einfluss auf ihre Entwicklung haben sollten. Die Methode kann von Mitarbeitern gezielt angewendet werden: Sie richten sich nach einem zuvor definierten Ziel und werden im Verlauf durch Bewohner und Kollegen überprüft.

Es ist keine neue Theorie, die wir in diesem Buch aufstellen, aber wir machen sie handhabbar für die Praxis. Zukünftige Betreuer können sich die Methode schon in der Ausbildung zu Eigen machen und später in der Praxis anwenden. Damit könnten zahlreiche nutzlose Diskussionen und Meinungsverschiedenheiten über das »richtige« Vorgehen vermieden werden.

Auch in der Einrichtung, in der wir arbeiten, waren wir mit etlichen Alltagsproblemen konfrontiert, die die Möglichkeiten, unsere Theorie umzusetzen, einschränkten. Dafür lassen sich verschiedene Gründe nennen.

Einige Beispiele:

Ein Bewohner hat es mit 15 Betreuungspersonen zu tun, von denen jeder seine eigenen Werte und Normen hat. Außerdem sind da mitunter viele Heimregeln und die Identität der Einrichtung, in der er lebt. Er muss mit anderen Bewohnern zusammenleben, die er sich nicht aussuchen konnte, und er muss einen Großteil Privatheit aufgeben.

Auch die Betreuer bewegen sich in einer Situation von Abhängigkeit von den Bewohnern. Beispielsweise haben sie es mit Werten und Normen der Bewohner zu tun, die sie selbst so nicht wählen würden. Rahmenbedingungen, wie Organisation, Teamarbeit, Sparmaßnahmen, der Faktor Zeit usw., gehen oft zulasten der eigenen Idee von Qualität der Arbeit. Der Arbeitsdruck ist oft hoch.

Um solcher Art von Problemen zuvorzukommen, haben wir unsere Methode, mit der wir seit einigen Jahren arbeiten, entwickelt. Das Ergebnis ist durchweg als gut zu bezeichnen. Wir haben viele der Menschen, die wir in unserer Einrichtung begleiten, ursprünglich unterschätzt. Wenn Bewohner wirklich Freiraum für ihre Entwicklung bekommen, zeigt sich, dass sie zu viel mehr Leistungen als erwartet im Stande sind. Ein Ergebnis ist, dass 22 Bewohner, deren Versorgungsplan 24-stündige Dauerversorgung vorsah, innerhalb von vier Jahren nun selbstständig wohnen. Das war ihre eigene Entscheidung. Bis heute ist niemand von ihnen in die Einrichtung zurückgekommen.

Im Mittelpunkt dieses Buches steht die Arbeit mit Menschen mit geistiger Behinderung. Wir sind aber überzeugt, dass unsere Methode in vielen anderen Unterstützungssituationen ebenso brauchbar ist, weil es in erster Linie um die Arbeitsweise und nicht um die Problematik eines Klienten geht. Einzige Voraussetzung ist, dass Menschen freiwillig Hilfe annehmen.

Wir haben bald bemerkt, dass ein Buch zu schreiben, nicht allein die Sache von uns beiden war. Wir sind einer großen Gruppe von Menschen, die bereit waren, mitzudenken, die kritische Anmerkungen machten, uns anregten und uns Zeit und Raum ließen, zu großem Dank verpflichtet.

Ein besonderes Wort des Dankes gilt den Bewohnern, Kollegen und ehemaligen Mitarbeitern der Wohneinrichtung de Blokhorst in Zwolle.

2. Hilfen für behinderte Menschen

2.1 Einleitung

Ehe wir eine Beschreibung unserer Arbeitsweise geben, möchten wir berichten, wie wir dazu kamen, eine eigene Art der Arbeit zu entwickeln. Außerdem wollen wir verschiedene Modelle und Visionen beschreiben, mit denen wir Entwicklungen in der Behindertenhilfe typisieren können. Wir beschreiben unter anderem

- das medizinische Modell,
- das Entwicklungsmodell,
- das Normalisierungsprinzip,
- den Integrationsgedanken,
- das Lebens- und Beziehungsmodell.

Alle diese Entwicklungen haben Einfluss auf das Denken und Handeln der Mitarbeiter in der Behindertenhilfe.

Probleme, denen wir in der Hilfe für Menschen mit geistiger Behinderung begegnen, sollen gleichfalls besprochen werden.

Wir haben die oben genannten Modelle während unserer Ausbildung kennen gelernt. In unserer praktischen Arbeit kamen wir dahinter, dass keines dieser Modelle ausreichenden Halt bot, um Bewohner gezielt zu begleiten. Folglich entwickelten wir unsere eigene Idee.

Später gehen wir auf die Beziehung zwischen Ausbildung und Einrichtungen ein, in denen künftige Mitarbeiter ihr Praktikum machen und schließlich arbeiten werden.

In Kapitel 2.4 schließlich beschreiben wir die verschiedenen Wohngruppen, in denen die geistig behinderten Bewohner betreut werden.

2.2 Hilfen kritisch gesehen

In diesem Kapitel werden kurz die verschiedenen Modelle, Prinzipien und Gedanken, die im Laufe der Jahre in der Hilfe für behinderte Menschen entwickelt worden sind, beschrieben.

Das medizinische Modell

Einrichtungen, die gemäß dem medizinischen Modell arbeiten, richten ihr Hauptaugenmerk auf Versorgung und Pflege. Man geht davon aus, dass Menschen mit geistiger Behinderung anders sind und dass ihr Anderssein die Ursache ihrer Probleme ist. Die geistige Behinderung wird als eine Krankheit aufgefasst; Bewohner werden darum als Kranke behandelt. Bewohner mit problematischem Verhalten werden dann z.B. mit Medikamenten behandelt.

Weil Bewohner nach der Sicht dieses Modells die Folgen ihres Handelns nicht überschauen können, werden sie umfassend beschützt. Sie müssen also ständig beaufsichtigt werden. Von eigener Verantwortung kann nicht die Rede sein. Man glaubt, vorbeugen zu müssen, damit ein Bewohner nicht in Umstände gerät, die er nicht bewältigt. Man sorgt z.B. dafür, dass er keinen Alkohol bekommt oder dass er nicht von Menschen des anderen Geschlechts besucht wird, um so Alkoholmissbrauch und sexuellen Problemen vorzubeugen. So soll sein Leben einfacher werden. Die Behütung ist folglich groß.

Vom Bewohner wird verlangt, dass er sich an die Regeln und den alltäglichen Ablauf nach Vorschrift der Einrichtung anpaßt. Individualisierung im Umgang mit Bewohnern ist innerhalb des medizinischen Modells nicht möglich.

Bei dieser Sicht wird nicht aktiv versucht, ob ein Bewohner noch etwas lernen kann. Man geht davon aus, dass ein Bewohner seine Einschränkung hat und dass eigentlich nichts mehr zu ändern ist.

Auch in Einrichtungen, in denen das medizinische Modell abgeschafft worden ist, kommen im Umgang mit Bewohnern noch des öfteren Denk- und Handlungsweisen vor, die eigentlich diesem Modell entstammen.

Beispiel:
Kaspar, ein 45 Jahre alter Bewohner, hat früher häufig beim Kochen geholfen. Das war jedenfalls so, solange er noch bei seinen Eltern wohnte. In der Einrichtung, in der er dann lebte, hat er das weiter getan. Seine Fähigkeiten lassen aber schon in recht jungem Alter nach. Der Arzt stellt fest, dass es sich um die Alzheimer Krankheit (Demenz) handelt. Die Küche ist ein Platz, in dem Kaspar gern ist und wo er sich auch sicher fühlt. Problematisch ist aber seine Verwirrtheit. Er hinterlässt in der Küche ein Durcheinander, Pfannen, Besteck und Zutaten stellt er nicht mehr an den richtigen Platz zurück. Er räumt sein Zeug nicht mehr auf. Diejenigen, die kochen müssen, ärgern sich dann darüber, dass sie erst Kaspars Unordnung aufräumen müssen, ehe sie mit der Arbeit beginnen können. Manche Teammitglieder finden es unhygienisch, wenn Kaspar in der Küche zugange ist. Weil das Team das problematische Verhalten mit der Alzheimer Krankheit verbindet und niemand mehr erwartet, noch etwas an dem Verhalten ändern zu können, gibt es nur eine Lösung: Die Küche wird verschlossen. Diese Lösung schränkt aber nicht nur Kaspar ein, sondern auch alle anderen Bewohner.

In diesem Beispiel wird das Denken von der Vorstellung beherrscht, dass mit Kaspar nichts mehr gemacht werden kann, weil er dement wird. Das ist eine Denkweise, die in dem medizinischen Modell beheimatet ist. Auch die Entscheidung, dass Hygiene in der Küche gegenüber dem Wohlbefinden von Kaspar Priorität hat, entspricht dem medizinischen Modell. Nachdem er nicht mehr in die Küche gehen darf, wird ihm ein sicherer Ort genommen, etwas, das gerade für ihn wichtig wäre.
Das Entwicklungsmodell, das Normalisierungsprinzip, der Integrationsgedanke und das Lebens- und Beziehungsmodell sind im Grunde Reaktionen auf das medizinische Modell.

Das Entwicklungsmodell

Im Entwicklungsmodell liegt der Akzent auf der Umgebung eines Bewohners. Der Bewohner hat zwar eine Behinderung oder Einschränkungen, aber er kann lernen. Das Entwicklungsmodell geht davon aus, dass der Bewohner, wenn er nur auf die richtige Art und Weise den richtigen Lehrstoff angeboten bekommt, von selbst Fähigkeiten entwickelt. Auch bei problematischem Verhalten bekommt die Umgebung des Bewohners eine bedeutsame Rolle zugeschrieben. Die Umgebung verursacht Verhaltensprobleme oder bewirkt, dass sie erhalten bleiben. Im Entwicklungsmodell spielt Verhaltensmodifikation eine wichtige Rolle. Wenn ein Bewohner Verhaltensprobleme zeigt, wird in der Umgebung nach Faktoren gesucht, die diese Probleme auslösen. Ein Bewohner stößt z.B. immer seinen Kaffee um, weil der Gruppenleiter ihm dann Aufmerksamkeit schenkt. Er muss ein Tuch holen und die Unordnung selbst beseitigen. Der Gruppenleiter bleibt dann von Anfang bis Ende an seiner Seite. Das Verhalten wird durch das belohnt, was es einbringt, nämlich den Kontakt mit dem Gruppenleiter.

Die positive Seite dieses Modells ist, dass man von dem ausgeht, was ein Bewohner kann. Seine Möglichkeiten, sich zu entwickeln, werden durchaus positiv gesehen. Was das Entwicklungsmodell allerdings nicht berücksichtigt, ist die eigene Wahl von Bewohnern, ob sie lernen wollen und, wenn ja, was sie lernen wollen. Im Entwicklungsmodell werden die Lernziele von oben herab von Gruppenleitung und Fachleuten bestimmt.

Viele Gedanken und Arbeitsweisen aus diesem Modell haben wir angepasst übernommen. Wenn Menschen mit geistiger Behinderung in eine Wohneinrichtung einziehen, lernen sie oft noch viele soziale Fertigkeiten (miteinander reden bei Streit; selbst sagen, was man will; anderen zuhören) und praktische Fähigkeiten (waschen, kochen, sauber machen und Tierversorgung – s. Kapitel 7). Im Gegensatz zum Entwicklungsmodell ist dieses Lernen bei uns nicht von anderen auferlegt, sondern die freie Wahl des Bewohners.

Das Normalisierungsprinzip

Das Normalisierungsprinzip geht davon aus, dass die Lebensumstände von Menschen mit geistiger Behinderung so »normal« wie möglich sein sollten. Diese Lebensumstände sollten den Normen und Lebensentwürfen der Allgemeinheit so nah wie möglich kommen.

Das Normalisierungsprinzip entstand in Skandinavien, und zwar als Reaktion auf das medizinische Modell, wonach behinderte Menschen in großen Anstalten fern der allgemeinen Bevölkerung untergebracht waren.

Bengt Nirje[1] beschrieb die Punkte, auf die bei der Arbeit nach dem Normalisierungsprinzip geachtet werden muss:

- normale Tageseinteilung; dass also erwachsene Bewohner nicht schon um 19.30 Uhr im Schlafanzug vor dem Fernseher sitzen;
- normaler Lebensrhythmus; das bedeutet unter anderem eine Trennung der Lebensräume Wohnen, Arbeiten und Freizeit;
- normaler Jahresrhythmus; Karneval nicht im Januar, Weihnachten nicht eine Woche nach Nikolaus, Urlaub in der Hauptsaison;
- normaler Verlauf der Lebensabschnitte; erwachsene Bewohner nicht wie Kinder behandeln;
- die eigene Wahl von Menschen mit geistiger Behinderung berücksichtigen; nicht für sie entscheiden, sondern sie selbst wählen lassen;
- Leben in gemischten Gruppen und mit Gruppenleitern beider Geschlechter;
- normaler Lebensstandard; z.B. ein Basiseinkommen;
- materielle Maßnahmen für Menschen mit geistiger Behinderung müssen denen für andere Menschen entsprechen; z.B. sollen Wohneinrichtungen nicht absichtlich abgelegen platziert sein.

---

1 Doeleinden in de zwakzinnigenzorg en hun implicaties; verslag van een studiconferencie. NGBZ 1973.

Viele dieser Punkte sind längst realisiert worden. Für viele Stellen der Behindertenhilfe ist es üblich, so »normal« wie möglich zu sein. In den Einrichtungen, die wir kennen gelernt haben, leben sowohl Männer als auch Frauen in einer Gruppe. Tages- und Jahresrhythmus verlaufen normal, auch wenn Weihnachts- und Karnevalsfeiern auf Grund des Arbeitsdrucks immer noch früher als sonst in der Gesellschaft üblich organisiert werden.

In einer Behinderteneinrichtung werden Wohnen und Arbeiten voneinander getrennt. In Holland – im Unterschied zu Deutschland – ist es so, daß jeder Erwachsene mit geistiger Behinderung das Recht auf ein eigenes Einkommen hat. Man strebt danach, neue Einrichtungen möglichst in Dörfern oder Städten aufzubauen.

Viele Wohnstätten sind heute baulich an das Straßenbild angepasst. Das ist ein gutes Beispiel für Normalisierung. Viele Bewohner sind auch sehr froh darüber, dass ihr Haus sich nicht von den anderen Häusern in der Straße unterscheidet.

Das Normalisierungsprinzip gibt uns eine gute Orientierung. Mithilfe dieses Prinzips können wir überprüfen, ob wir nach Routinen arbeiten oder uns zu weit vom Gesellschaftsüblichen entfernt haben. Es bleiben aber noch Bereiche offen, in denen Normalisierung ebenfalls erreicht werden müsste.

Ein Beispiel ist der Bus als Verkehrsmittel. Beinahe jede Wohneinrichtung hat einen eigenen Kleinbus. Bei einer Versammlung befragten wir die Bewohner, ob sie lieber ein großes Auto oder einen Kleinbus hätten. Alle Bewohner bis auf einen hätten lieber ein normales Auto. Bewohner reagieren sehr sensibel auf solche Äußerlichkeiten, durch die sie als abweichend abgestempelt werden. Unseres Erachtens wäre in diesem Beispiel das Normalisierungsprinzip angebracht.

Wir denken, dass bezüglich der freien Wahl noch vieles verbessert werden kann. Bewohner können viel mehr selbst entscheiden, wenn wir die Voraussetzungen dafür schaffen.

Eine Sorge, die häufig gegenüber der Anwendung des Normalisierungsprinzips ausgesprochen wird, ist, dass Bewohner nicht »koste es was es wolle« normalisiert werden dürfen. Bewohner, die sich anders verhalten oder sich schlicht nicht anpassen können, müssen das auch dürfen. Auch das müssen sie selbst bestimmen können.

Beispiel:
Anlässlich der Hochzeit eines Gruppenleiters hatte die Leitung
bestimmt, dass alle Bewohner anständige Kleidung tragen müssten, weil das so üblich sei. Ein Bewohner, der sich selbst seine
Kleidung ausgesucht hatte, musste sich wieder umziehen, sonst
wäre er nicht mitgenommen worden.

Der Integrationsgedanke

Integration müsste eigentlich das Resultat des Normalisierungsprinzips sein. Integration bedeutet, dass »abweichende« Menschen durchaus akzeptiert unter »nicht abweichenden« Menschen
leben. Das würde bedeuten, dass alle Bewohner an den normalen
gesellschaftlichen Aktivitäten in Bezug auf Wohnen, Freizeit und
Arbeit teilnehmen könnten.

Wirkliche Integration erweist sich noch immer als schwierig.
Wenn Sie mit 20 Mitbewohnern zusammen wohnen, wird es
schwierig, Kontakt mit Nachbarn zu bekommen. Bewohner in Au-
ßenwohngruppen und solche, die mit Begleitung selbstständig
wohnen, haben dagegen durchaus »normalen« Kontakt mit ihren
Nachbarn. Sie machen beispielsweise einen Besuch am Abend oder
helfen ihren Nachbarn dann und wann aus. Die Arbeit läuft noch
immer unter Betreuung in Werkstätten für Behinderte oder in Ta-
gesstätten für Ältere. Für Menschen mit geistiger Behinderung ist es
durchweg zu schwierig, die Erwartungen zu erfüllen, die der allgemeine Arbeitsmarkt stellt. Der Beginn von Integration liegt unseres
Erachtens in den Einrichtungen selbst. Betreuer richten ihr Augen-
merk zunächst darauf, dass die Bewohner anders sind. So erhalten
sie stets die Botschaft, dass sie nicht genügen. Man geht davon aus,
dass sie nicht dazugehören. Also wird eine Zweiteilung zwischen
Behindertsein und Nichtbehindertsein gemacht.

Wir haben versucht, in unserer Arbeit von Gleichberechtigung
auszugehen. Kein Wir/Ihr-Verhalten, kein Ausgehen von Regeln, die
von der Gruppenleitung aufgestellt wurden, keine Auflagen für
Verhaltensnormen. Gleichberechtigung ist schwer zu erreichen,
aber wir sind auf einem guten Weg, und wir haben bereits viel

erreicht. Der Grad der Behinderung wird dadurch wesentlich weniger wichtig, Unfähigkeiten werden nicht hervorgehoben. Wir gehen vom Menschen mit seinen Möglichkeiten und nicht vom Menschen mit seinen Fehlern aus.

Beispiel:
Jenni wurde in unsere Wohnstätte verlegt, wo sie plötzlich mit folgender Aussage konfrontiert wurde: »Wir gehen davon aus, dass du alles kannst.« Solchen Umgang war sie nicht gewöhnt. Sie hatte gelernt, dass es Regeln gab, die andere für sie aufgestellt hatten. Diese Regeln, z.B. »Du kannst dich selbst nicht krankmelden, das übernimmt die Gruppenleitung« oder »In diesem Haus trinkt man abends nicht mehr als zwei nicht- oder leicht alkoholische Getränke«, gehen von vornherein davon aus, dass Menschen mit geistiger Behinderung etwas nicht von allein können (in diesem Fall: selbst bestimmen, ob sie krank sind bzw. Maß halten, wenn sie abends etwas trinken). Jenni testete darum viele der Regeln, die sie während 15 Jahren Wohnen in Einrichtungen erfahren hatte, neu aus. Und jedes Mal war die Antwort der Gruppenleitung: »Das kannst du selbst bestimmen.«
Jenni musste sich angesichts einer derartigen Betreuung, welche die Botschaft enthält, dass sie etwas kann und darum geachtet wird, nicht mehr dermaßen beweisen. Schon nach einigen Wochen ist eine Veränderung in ihrer Haltung gegenüber Menschen, die weniger begabt sind als sie, zu bemerken. Früher ließ sie diese Menschen links liegen. Nun, wo sie selbst Raum bekommt, um Dinge zu tun, die sie kann, muss sie sich nicht mehr abgrenzen und kann mehr so sein, wie sie wirklich ist.

Das Lebens- und Beziehungsmodell

In dem Lebens- und Beziehungsmodell ist die geistige Behinderung eines Bewohners nicht mehr von Bedeutung. Er wird von den anderen mit seinen Defiziten und mit seinen Möglichkeiten akzeptiert.

In diesem Modell wird von der Gleichheit von Menschen mit geistiger Behinderung und anderen (Betreuern, Fachleuten, Eltern usw.) ausgegangen. Die Folge davon ist, dass nicht mehr andere den Menschen mit geistiger Behinderung ihre Normen vorschreiben. Der Mensch mit geistiger Behinderung bestimmt zusammen mit den Menschen, die in der Einrichtung arbeiten, wie dort gelebt wird. Es geht in diesem Modell vor allem um das Zusammenleben, das In-Beziehung-Stehen miteinander. Es ist keine Einbahnstraße mehr in dem Sinne, dass der Betreuer über den Bewohner bestimmt, aber nicht andersherum. Weil es in einer Wohnstätte um das Wohnen geht, wird nicht behandelt, trainiert oder dergleichen. Alles, was an Betreuung geleistet wird, muss mit der Atmosphäre des Wohnens harmonieren. Im Lebens- und Beziehungsmodell stehen Aspekte der Beziehung vorne an, und ausgehend vom Zusammenleben wird der Umgang mit dem Bewohner entschieden.

Beispiel:
Maggie, eine Bewohnerin, die noch nicht so lange in der Wohnstätte wohnt, zieht sich abends in ihr Zimmer zurück. Peter, der Gruppenleiter, bringt ihr darum ihre Medikamente. Er klopft an, aber Maggie öffnet nicht und antwortet auch nicht. Peter geht nicht hinein. Er ärgert sich zwar, aber er respektiert Maggie. Als Maggie am nächsten Morgen ins Wohnzimmer kommt, gibt sie durch ihre Haltung und Blicke in Richtung Peter zu erkennen, dass sie erwartet, eins aufs Dach zu kriegen. Peter geht darauf nicht ein. Darauf geht Maggie auf ihn zu und fragt nach ihrer Medizin, worauf Peter antwortet, dass sie die bekommt, dass er aber auch eben mit ihr sprechen will. In dem folgenden Gespräch sagt Peter, dass er sich lächerlich vorgekommen war, als er so vor Maggies Tür stand. Maggie sagt, dass sie sich ziemlich elend gefühlt hatte und allein sein wollte. Peter erreicht in diesem Gespräch, dass er Kontakt zu Maggie bekommt und eine Vorstellung davon, wie sie sich verhält, wenn es ihr schlecht geht. Darüber hinaus ist die Chance, dass Peter sie beim nächsten Mal sehr wohl erreichen kann, wenn sie sich schlecht fühlt, vergrößert worden. Wäre Peter doch in Maggies Zimmer gegangen (z.B. mit dem Generalschlüssel), weil er die Medikamente für notwendig hielt, hätte er in seiner Beziehung zu Maggie viel verdorben.

Die Entwicklungen in ihrer Abfolge

Medizinisches Modell	Der Mensch mit geistiger Behinderung wird als ein Kranker angesehen. Darum werden Menschen mit geistiger Behinderung wie Kranke behandelt.
Entwicklungsmodell	Das Hauptaugenmerk liegt auf der Umgebung eines Bewohners. Der Mensch mit geistiger Behinderung hat sich langsamer entwickelt. Bietet man ihm den Lehrstoff auf rechte Art und Weise an, kann er sich weiter entwickeln. Zeigt er auffälliges Verhalten, kann man dieses durch Lob oder Strafe verändern.
Normalisierungsprinzip	Der Mensch mit geistiger Behinderung soll so »normal« wie möglich leben. Die Lebensumstände sollen denen der Allgemeinbevölkerung so nah wie möglich kommen.
Integrationsgedanke	Es soll keinen Unterschied zwischen einem behinderten und einem nichtbehinderten Menschen geben. Jeder Mensch mit geistiger Behinderung nimmt wie alle anderen am gesellschaftlichen Leben teil.
Lebens- und Beziehungsmodell	Die geistige Behinderung ist nicht mehr von Bedeutung. Menschen mit geistiger Behinderung und andere sind gleichberechtigt. In der Beziehung mit anderen kann der behinderte Mensch sich weiter entwickeln, aber er bestimmt es selbst.

Obwohl in den beschriebenen Modellen oft gute Ansätze stecken und verschiedene Aspekte in der Praxis sehr brauchbar sind, kamen wir zu der Erkenntnis, dass sie im ganzen nur schwer an die alltägliche Betreuung von Bewohnern anzupassen sind. Das war für uns der Anstoß zur Entwicklung einer eigenen Methode.

Unsere Arbeitsweise hat viele Berührungspunkte mit dem Lebens- und Beziehungsmodell. Ausgangspunkte wie Gleichberechtigung, Ansetzen bei den Fähigkeiten eines Bewohners und dass der Bewohner in hohem Maße selbst bestimmt, was seine Normen sind und was er lernen will, sind auch in unserer Arbeitsweise wichtig.

Die Rolle des Bewohners ist in den vergangenen Jahren in der Behindertenhilfe immer wichtiger geworden. Betreuer und Gruppenleiter gaben Bewohnern immer mehr Freiraum, um ihrer Stimme Geltung zu verschaffen. Wir denken, dass dieser Prozess noch viel weiter gehen kann. Gruppenleiter, Abteilungsleiter und die Geschäftsführung bestimmen noch ziemlich viel in Bezug auf die Bewohner. Wir meinen damit, dass sie über grundlegende Dinge entscheiden wie arbeiten, wohnen, Freizeit, was ein Bewohner lernen muss, wie er leben muss, seinen Lebensrhythmus mit schlafen und essen, welche Menschen ihn betreuen, dass er Hausdienste hat, dass er kein Apfelmus essen darf, wenn er Gemüse zurückweist usw.

Andere wissen besser, was für den Bewohner gut ist. Das wird besonders deutlich, wenn Bewohner aus einem Milieu, das stark ihr Verhalten bestimmte, zu uns kommen.

Zum Beispiel Michel, der in den ersten Wochen in unserer Wohnstätte erstaunt war über alles das, was er durfte und welche Freiheiten er genoss. Von einem Tag auf den anderen konnte er selbst bestimmen, ob und wie spät er ins Bett wollte. Es entstanden keine Konflikte wegen seiner Weigerung, Medikamente zu nehmen, er konnte selbst Getränke nehmen, wenn er Lust darauf hatte, er konnte weggehen, wenn er das wollte, und er konnte Besuch einladen, wenn ihm das passte.

In Gesprächen mit Bewohnern wie Michel zeigt sich, wie abhängig Bewohner von der Arbeitsweise und der Sicht der Betreuer sind. Dabei können Bewohner recht gut ihren Wunsch nach Unabhängigkeit und Gleichberechtigung äußern, besonders, wenn sie selbst verschiedene Arten der Betreuung vergleichen können.

In unserer Praxis wird der Bewohner durch zwei Mitarbeiter betreut: den *Alltagsbegleiter* und den *Prozessbegleiter*. Der Alltagsbegleiter vertritt materielle Belange des Bewohners und hält Rücksprache z.B. mit der Familie und der Arbeitsstelle. Der Prozessbegleiter ist ausschließlich daran interessiert, wie ein Bewohner etwas erlebt, und darf ihn nicht kontrollieren. Seine Aufgabe ist es, dem Bewohner zu helfen, unabhängiger zu werden.

Die Folge davon ist, dass mit dieser Methode verschiedene Begleitungsprozesse zwischen Helfer und Bewohner und zwischen Helfern untereinander überprüft werden können, nämlich:

- die Interaktionen zwischen Bewohner und Alltagsbegleiter (*Konfrontation*),
- die Interaktionen zwischen Bewohner und Prozessbegleiter (*Verständnis*),
- die Interaktionen zwischen Alltagsbegleiter und Prozessbegleiter (*Feed-back*).

In einem Schema sieht das wie folgt aus:

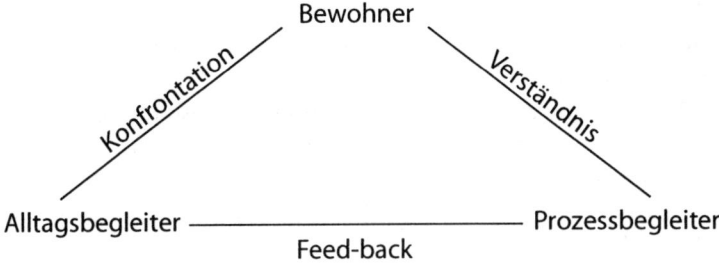

Beispiel:
Bewohner René pflegt sich nicht und duscht selten. Alltagsbegleiterin Inge macht für René einen Plan, in dem er ankreuzen muss, dass er sich jeden Tag duscht und rasiert (Konfrontation). Prozessbegleiter Johan interessiert sich nicht für das Resultat, aber er fragt sich, woher es kommt, dass René sich nicht pflegt (Verständnis). Dabei kommt heraus, dass René sich ärgert, dass er so durch Inge kontrolliert wird; das war zu Hause bei seinen Eltern genauso. René entwickelt maßlosen Widerstand, wenn er nicht ernst genommen wird. Prozessbegleiter Johan spricht mit der Alltagsbegleiterin Inge darüber und macht den Vorschlag, die Verantwortung über Körperhygiene René selbst zu überlassen (Feed-back).
Hier zeigt sich, dass der Bewohner nicht von einem Betreuer abhängig ist, und dass alle Interaktionen fortlaufend überprüft werden.

2.3 Ausbildung

Es gibt verschiedene Ausbildungsgänge, mit denen man sich für die Arbeit mit Menschen, die auf die eine oder andere Weise Hilfe brauchen, spezialisieren kann. Das können Menschen mit geistiger Behinderung sein oder z.B. schwer erziehbare Jugendliche. Die Behindertenhilfe unterhält Einrichtungen für jeden, der hilfebedürftig ist, sei es zeitlich begrenzt, sei es während seines ganzen Lebens.

Auch die Ausbildungsgänge sind darauf abgestimmt. Auf mittlerem, höherem und akademischem Niveau ausgebildet, kommen jährlich gut qualifizierte Studenten als Praktikanten in die Einrichtungen, um ihre Fähigkeiten und theoretischen Kenntnisse in die Praxis zu integrieren.

Dazu ist gute Zusammenarbeit notwendig. Ausbildung und Arbeitsgebiet müssen aufeinander abgestimmt sein. Das allerdings lässt oft zu wünschen übrig. Praktikanten kommen z.B. als Helfer in eine Gruppe und merken, dass die Erwartungen, die sie haben, ein schiefes Bild ergeben.

Beispiel:
Jost macht seine Ausbildung in einer Fachschule. Während des zweiten Jahres muss er zehn Monate Praktikum ableisten. Nach zwei Kennenlern-Gesprächen in Einrichtungen muss er seine Wahl treffen, wo er das Praktikum ableisten will.
Die Praktikumsbegleiterin von Jost ist Anne. Ziemlich schnell erweist sich, dass Jost eine ganze Reihe von Richtlinien der Einrichtung erfüllen muss. Es gibt einige Regeln, die Jost anwenden muss. Auch ist, laut Anne, für die meisten Bewohner ein spezifisches Herangehen notwendig.
Nach einigen Wochen äußert Jost Kritik angesichts der Regel, dass alle Bewohner um zehn Uhr abends zu Hause sein müssen. Ein Bewohner hatte mit Jost darüber gesprochen, und Jost konnte gut verstehen, dass dieser Bewohner damit unzufrieden war. Er spricht darüber mit Anne, findet aber wenig Verständnis. Es sei nun einmal ein Beschluss des Teams, und die Leitung könne dank dieser Regel alles gut überschauen. Gleichzeitig wird Jost auf die Tatsache hingewiesen, dass er noch Praktikant ist. Jost

kommt in eine missliche Lage, weil er Verständnis für die Wünsche der Bewohner gezeigt hat, und er steht der Einrichtungspolitik ohnmächtig gegenüber.

Während eines Gesprächs mit einigen Teammitgliedern gibt Jost zu verstehen, dass er ziemliche Schwierigkeiten damit hat, wie die Dinge laufen. Vor allem übt er Kritik an den Einschränkungen der Freiheit der Bewohner und den vielen Regeln. Nach Beratung in seiner Ausbildungsstätte beschließt er, sein Praktikum nach vier Monaten in einer anderen Einrichtung fortzusetzen.

Jost bemerkt sehr schnell, dass man dort ganz anders mit ihm umgeht. Er merkt, dass sich das Team hier viel stärker mit ihm verbunden fühlt. Von Anfang an nimmt er an verschiedenen Besprechungen teil, und seine Meinung wird dort ernst genommen. Er bekommt die Verantwortung für verschiedene Gebiete übertragen wie Umgang mit Geldern der Einrichtung, Verabreden von Terminen für Bewohner und sie dabei begleiten, Medikamentenverabreichung, Besuch von Familien usw.

Bei Gesprächen zwischen Jost und seinem Praktikumsbegleiter wird jedes Mal von Josts Fragen ausgegangen. Solche Fragen sind:

- Wie kann ich die Kenntnisse, die ich in der Schule mitbekommen habe, in der Praxis anwenden?
- Wie werde ich gewandter?
- Wie ist meine Haltung dabei?

Was Jost z.B. schwierig findet, ist das Sprechen bei einer Teamversammlung. Es fällt ihm schwer, anderen zuzuhören, wenn er von der Wichtigkeit einer Sache für einen Bewohner überzeugt ist. In Praktikumsgesprächen lernt er, damit besser umzugehen, während so etwas in seiner vorherigen Praktikumsstelle heftigen Streit verursacht hatte.

Bei der Auswertung seines Praktikums kann Jost den Unterschied zwischen den zwei Einrichtungen gut beschreiben. »In der ersten Einrichtung ist alles festgelegt und jeder, der dort wohnt oder arbeitet, muss sich an die Regeln der Einrichtung halten. In der zweiten Einrichtung dagegen wird vom Individu-

um ausgegangen, und Regeln werden flexibel gehandhabt. Sowohl Bewohner als auch Mitarbeiter fühlen sich für das Ganze
verantwortlich. Es wurde von mir Einsatz erwartet, ich wurde
darin ernst genommen. Das fand ich anfangs schwierig, aber es
war doch ein Praktikum, in dem ich viel gelernt habe.«

Dieses Beispiel macht deutlich, dass man als Praktikant in der einen
Wohnstätte gut mitarbeitet, wenn man viel Initiative zeigt, während
die Vorschrift in einer anderen Wohnstätte lautet, dass man sich den
Normen des Teams anpaßt. Folglich ist ein Praktikant regelmäßig
das »Opfer« der unterschiedlichen Arbeitsweisen von Wohnstätten
und der eingeschränkten Zusammenarbeit mit den Ausbildungs-
stätten. Wenn Praktikanten gezwungen sind, sich anzupassen, kommen ihre Fragen nicht genügend zum Zuge, während sie doch
eigentlich im Zentrum stehen müssten.

Der Druck wird groß, wenn der Student eine ausreichende Zen-
sur bekommen will, während die Ausbildungsstelle und die Arbeitsstelle verschiedene Forderungen an ihn stellen können. Die Ausbildung fragt z.B. nach Berichten über Bewohner in Bezug auf ihre
Abendgestaltung, während die Einrichtung Forderungen an die
Haltung und die Fähigkeiten des Praktikanten stellt. Ein anderes
Beispiel: Über den Umgang mit Aggression in der Ausbildung zu
sprechen, ist ganz anders, als Aggressionen selbst zu erfahren. Zu
»wissen«, wie man mit einem Bewohner oder in der Teamversammlung sprechen oder zuhören soll, ist nicht mit der Situation in der
Praxis zu vergleichen.

Wir denken, dass die Methode und die Arbeitsweise, die wir in
diesem Buch einführen und besprechen, Zusammenarbeit und Ab-
stimmung zwischen Ausbildung und Arbeitsfeld fördern kann. Es
ist eine gezielte Methode, in der ein Student sich während seiner
Ausbildung schon üben und die er in der Praxis ausüben kann. Sie
umfasst nämlich alle Möglichkeiten, sich die drei wichtigsten
Lehraspekte zu Eigen zu machen, die für einen guten Betreuer
wichtig sind: *Kenntnis, Fähigkeiten* und *Haltung.*

Das lässt sich am leichtesten verdeutlichen, wenn wir das Beispiel von Jost wieder vornehmen und dabei angeben, wie ein Praktikum auch verlaufen kann.

Während des ersten Jahres seiner Ausbildung lernt Jost schon die Methoden der Einrichtung kennen. Er lernt die Begriffe Alltagsbegleiter und Prozessbegleiter kennen und die Bedeutung dieser Personen. In Rollenspielen mit anderen Auszubildenden übt er sich in Gesprächsführung und bekommt dadurch zugleich Einsicht in sein eigenes Handeln.

Nach dem ersten Jahr seiner Ausbildung beginnt Jost ein Praktikum in einer Einrichtung, in der Bewohner durch einen Alltagsbegleiter und einen Prozessbegleiter betreut werden. Auf Grund seiner theoretischen Kenntnisse und den Erfahrungen im ersten Jahr kennt Jost die Arbeitsweise. So kann er sich schrittweise die Methode in der Praxis zu Eigen machen. Im letzten Jahr geht Jost wieder zur Fachschule. Hier wird er sich weiter in Theorie und Praxis und in das Schreiben einer Hausarbeit vertiefen.

Nach dem Diplom ist ein Student nicht mehr von den mitunter großen Unterschieden in der Sicht und Arbeitsweise einer Wohnstätte abhängig und kann seine Qualitäten besser einsetzen. Er hat sich nämlich drei Jahre darin üben können.

2.4   Wohneinheiten/Wohnformen

Unsere Arbeitsweise wurde sowohl in Wohnstätten als auch in Wohngruppen, Außenstellen und Wohnplätzen für betreutes Wohnen entwickelt. Wenn Bewohner sagen, dass sie selbstständiger wohnen wollen, ziehen sie als erstes in eine Außenwohngruppe, danach in eine Außenstelle und später gibt es auch noch die Möglichkeit des betreuten selbstständigen Wohnens. In diesem Kapitel wird beschrieben, was die jeweiligen Angebote beinhalten.

Die Wohnstätte

In einer Wohnstätte wohnen Erwachsene mit geistiger Behinderung. Die Einrichtung, in der wir arbeiten, ist in gemieteten Sozialwohnungen untergebracht. Diese Art der Ansiedelung ist eine Möglichkeit, nach dem Normalisierungsprinzip zu arbeiten, und fördert die Integration in die Gesellschaft. Die Wohnsituation von Menschen mit geistiger Behinderung ist auf diese Weise normaler als wenn sie in einem großen, abseits gelegenen Gebäude wohnen würden. Viele Bewohner finden es sehr wichtig, dass ihr Haus nicht auffällig ist. Das zeigt sich an Bemerkungen wie: »Man sieht zumindest nicht, dass es eine Wohnstätte ist.«

In einer Wohnstätte ist den ganzen Tag über eine Gruppenleitung anwesend. Ein Bewohner kann sich rund um die Uhr an eine Betreuungsperson wenden. Die Versorgung, die Bewohner hier erhalten können, umfasst alles, unter anderem Kochen, Waschen, Haushaltsführung usw.

Wohngruppen

Wohngruppen befinden sich in der unmittelbaren Nachbarschaft der Wohnstätten. Bewohner, die eine derartige Wohnung beziehen, müssen noch längst nicht alles selbstständig erledigen. Sie wohnen zwar selbstständig in einem Haus, aber sie können bei verschiedensten praktischen Dingen Unterstützung der Wohnstätte bekommen. Sie können ihre Wäsche machen lassen, und sie essen auch noch in der Wohnstätte. Selbstverständlich können die Bewohner solche Dinge auch selbst erledigen. In der Praxis zeigt sich, dass sie hinsichtlich ihrer eigenen Versorgung allmählich immer mehr Verantwortung übernehmen. Nach einigen Monaten wird selbstständig für das Frühstück gesorgt, und es wird am Wochenende in der Wohnung gekocht und gegessen. Im Lauf der Zeit ergibt sich häufig, dass Bewohner selbstständiger werden, womit die folgende Wohnform, die Außenstelle, für sie in Frage kommt.

Außenstellen

Außenstellen nennen wir Gruppenwohnungen für zwei bis fünf Menschen in der Nachbarschaft der Wohnstätte. Die Betreuung der Bewohner erfolgt durch die Wohnstätte. Die angebotene Betreuung ist aber weniger intensiv als in der Wohnstätte oder in der Wohngruppe. Die Bewohner sind selbstständiger und tragen die Verantwortung für alltägliche Aufgaben wie:

- die Versorgung des Haushalts,
- den Umgang mit dem Haushaltsgeld,
- die Zubereitung der Mahlzeiten,
- das Besorgen von Einkäufen.

Selbstverständlich bekommen die Bewohner Betreuung, sofern sie diese benötigen. Die Bemessung von deren Intensität geschieht durch ständige Wechselwirkung zwischen den Bewohnern und der Betreuung in der Wohnstätte. Die Bewohner werden genau ihrem Hilfebedarf entsprechend betreut.

Auch Bewohner, die in Außenstellen wohnen, haben oft noch mehr Selbstständigkeit erlangt. Das ist dann ein Grund, zum betreuten selbstständigen Wohnen überzugehen.

Begleitetes selbstständiges Wohnen

Diese Regelung gibt es in den Niederlanden seit 1988. Sie ist für Menschen mit geistiger Behinderung vorgesehen, die über ein großes Maß an Selbstständigkeit verfügen. Bewohner, die das Angebot des betreuten selbstständigen Wohnens nutzen, gelten nicht als Mitglieder der Wohnstätte und bezahlen folglich keinen AWBZ-Beitrag (das ist eine niederländische Versicherung, durch die besondere Kosten bezahlt werden, wie Hilfen für Menschen mit geistiger Behinderung und [Krankenhaus-]Aufnahme für mehr als ein Jahr). Ihre Betreuung ist in einer Abmachung beschrieben und festgelegt. Auch die Bewohner solcher Wohnungen erhalten Betreuung nach Bedarf genauso wie die Bewohner von Außenstellen.

Nahezu alle Bewohner durchlaufen alle genannten Angebote während der Entwicklung ihrer Selbstständigkeit. Wir haben gemerkt, dass die Bewohner, die in einer Wohnstätte untergebracht waren, oft Schwierigkeiten hatten, Verantwortung zu übernehmen (abgesehen von Ausnahmen). Sie lassen leichter andere bestimmen, was gut für sie ist. Im Lauf der Zeit lernen sie allmählich, ihre Wahl zu treffen und ihren eigenen Willen deutlich zu äußern.

Wenn dieser Prozess in Gang gekommen ist, kann der Bewohner anfangen, selbstständiger zu wohnen. Der Weg des allmählichen Übergangs scheint eine gute Wahl zu sein. Der Bewohner beginnt mit dem Leben in der Wohnstätte, zieht dann um in die Wohngruppe, später in die Außenstelle, dann in eine Wohnung für betreutes selbstständiges Wohnen und kann danach eventuell ganz selbstständig leben.

3. Alltagsbegleiter und Prozessbegleiter

3.1 Einleitung

Dieses Kapitel schildert den Prozess, den wir durchmachten, ehe wir zu den Begriffen Alltagsbegleiter und Prozessbegleiter kamen.

In Abschnitt 3.2 beschreiben wir die Funktion der so genannten Mentorenschaft; in den weitaus meisten Gruppen in der Behindertenhilfe werden Mentoren eingesetzt. Wir denken aber, dass die Funktion eines Mentors in vielen Situationen entwicklungshemmend auf Bewohner wirkt. Mit einer Reihe von Praxisbeispielen wird das deutlich.

An Stelle eines Mentors hat ein Bewohner nach unserer Methode einen *Alltagsbegleiter* und einen *Prozessbegleiter*. Dieses System wird in den Abschnitten 3.3 und 3.4 näher betrachtet.

In Abschnitt 3.5 gehen wir auf wichtige Aspekte der Gesprächsführung von Prozessbegleitern ein, und zwar Berichterstattung, Zeitaufwand und Kontakt mit dem Alltagsbegleiter.

3.2 Der Mentor

Die Funktion eines Mentors ist in Wohnstätten und anderen Hilfeeinrichtungen eine für Mitarbeiter allgemein anerkannte Aufgabe. Ein Mentor ist ein Gruppenleiter, der die Belange derjenigen wahrnimmt, die nicht oder allenfalls teilweise dazu in der Lage sind. Das gilt sowohl für sachliche als auch für pädagogische Angelegenheiten. Folglich ist der Mentor derjenige, der den meisten Kontakt mit der Familie hat.

Die Mentorenschaft war ein großer Schritt vorwärts in der Behindertenhilfe im Sinne von individueller Betreuung eines Bewohners. Ein Bewohner konnte sich mit seinen sachlichen Anliegen und persönlichen Problemen an seinen Mentor wenden. Auch für die Gruppenleitung wurde die Arbeit in einer Gruppe übersichtlicher. Man hatte nämlich dadurch nurmehr für eine bestimmte Anzahl von Bewohnern Verantwortung.

Mentorenschaft bedeutet Vielseitigkeit. Man muss strafen und belohnen, zuhören und ergänzen, bestimmen und abwarten.

Auf Dauer ist vor allem auf der Beziehungsebene die Fairness schwer zu bestimmen, und sowohl der Bewohner als auch der Gruppenleiter kann in verwirrende Situationen geraten. Wie kann ein Betreuer strafen und gleichzeitig Verständnis für die Probleme eines Bewohners aufbringen?

Anhand einiger Beispiele wird deutlich gemacht, dass es sich stets um eine Doppelrolle handelt. Manchmal ist der Mentor nicht in der Lage, diese Doppelrolle zu erfüllen.

Beispiele:
Gruppenleiter Alex findet es schwierig, Dinge aus der Hand zu geben. Unbewusst ist er ziemlich bestimmend im Hinblick auf Entscheidungen, die andere treffen müssten. Um zu lernen, muss er sich fragen, wie kann ich anderen Freiraum lassen, sodass sie selbst eine Entscheidung treffen? Ungeachtet dessen, dass er regelmäßig damit konfrontiert wird, findet er den Umgang schwierig.

Alex ist Mentor des Bewohners Ben. Sie gehen zusammen in die Stadt, um Kleidung zu kaufen. Ben findet es aber schwer, die Wahl zu treffen, und überlässt das allzu gerne seinem Mentor. Die Lernfrage für Ben lautet: Wie kann ich selbst Entscheidungen treffen?

Auch wenn beide Fragen weit auseinander liegen, sind sie doch verwandt. Ben soll Kleidungsstücke kaufen, die Alex schön findet. Beide werden in ihrer Problematik bestätigt und finden beieinander »so genannte Sicherheit«. Durch diese »so genannte Sicherheit« werden Wachstumsprozesse gebremst, und alles bleibt beim Alten.

Gruppenleiter Ron ist unsicher, er bevorzugt klare Strukturen, um seine Funktionsfähigkeit zu schützen. Bewohner Heinrich befindet sich aber in einer Situation, in der er seine Grenzen sucht und deswegen manche Absprachen nicht einhält. Ron wird sich nicht so bald fragen, woher es kommt, dass Heinrich jedes Mal Streit anfängt, sondern er wird ihn eher damit konfrontieren, dass er Absprachen nicht eingehalten hat, mit der logischen Folge von immer schwereren Sanktionen.

Bewohner Jan kommt immer wieder mit seinem Geld nicht aus und holt deswegen jedes Mal extra Geld von seinem Bankkonto. Hendrik, der Mentor von Jan, spricht mit ihm regelmäßig darüber, aber ohne Erfolg. Das Team wiederum konfrontiert Hendrik regelmäßig mit diesem Problem, mit der Folge, dass die Sanktionen für Jan immer härter werden. Schließlich wird Jans Konto gesperrt.

Bewohner Hans hat als Mitglied der Wohngruppe auch Verantwortlichkeiten im Bereich der Haushaltsführung. Jedes Mal zeigt sich aber, dass er seine Aufgaben fürchterlich vernachlässigt, weil er nicht motiviert ist. Mentor Ben redet regelmäßig mit Hans über sein Misslingen, und nach jedem Gespräch gelobt Hans Besserung… Aber es folgt keine Besserung. Das Problem kostet viel Zeit in den Teambesprechungen. Ben wird immer gereizter, als logische Folge wird ein anderer Mentor.

Aus diesen Beispielen wird ersichtlich, dass ein Mentor jedes Mal in eine Doppelrolle gerät. Auf der einen Seite muss er sich mit der Problematik des Bewohners beschäftigen, und auf der anderen Seite soll er handelnd auftreten, weil das z.B. vom Team von ihm erwartet wird. Vor allem, wenn Situationen zu eskalieren drohen, ist eine verantwortliche pädagogische Betreuung schwer zu realisieren.

Aus diesen Gründen hatten wir Zweifel an der Funktionsfähigkeit des Mentorensystems, als wir eine neue Wohnstätte einrichteten. Wir hatten Sorge, dass »neue Bewohner« sich zu viel an ihren Mentor klammern würden und dass dadurch eine unlautere oder »so genannte« Sicherheit entstehen würde.

Darum haben wir von Anfang an das Wort *Alltagsbegleiter* an Stelle von Mentor gewählt.

3.3 Der Alltagsbegleiter

Der Alltagsbegleiter kümmert sich vor allem um materielle Angelegenheiten und um die Kontakte mit der Familie. Angesichts der Tatsache, dass die meisten Bewohner zum ersten Mal in einer Wohnstätte wohnten, gab es regelmäßig Gespräche zwischen Alltagsbegleiter und Bewohner. Ziemlich schnell zeigte sich, dass immer mehr Regeln aufgestellt wurden, ohne dass sich etwas in positiver Richtung veränderte. Es wurde viel Energie in problematische Situationen gesteckt und, was schlimmer war, eine Anzahl von Bewohnern wurde immer negativer beurteilt.

Mitarbeiter neigen dazu, Probleme den Bewohnern anzulasten. Dabei spielen auch unsere Werte und Normen eine Rolle. Es ist wichtig, dass man Verabredungen einhält, dass man mit Geld gut auskommt, dass man passende Kleidung trägt usw.

Wechselt die Person des Alltagsbegleiters, wird meistens beurteilt, wer am besten mit den Problemen eines Bewohners umgehen kann. In der Praxis bedeutete das, dass vor allem beim Auferlegen von Strafen männliche Gruppenleiter hervortraten und dass bei emotionalen Problemen (wenn sich z.B. ein Bewohner zurückzog und keine Vernunft annehmen wollte) die weiblichen Gruppenleiterinnen eine wichtige Funktion zugeteilt bekamen.

Was Alltagsbegleiter als schwierig empfanden, war die Betreuung von Bewohnern in zweierlei Hinsicht: einerseits die sachliche und andererseits die prozessbezogene Seite.

Die Frage ist, ob der gewünschte Effekt erreicht werden kann, wenn beide Belange durch eine einzige Person begleitet werden. Man kann nicht gleichzeitig damit beschäftigt sein, bei einem Problem zuzuhören, und etwas kontrollieren und eventuell eine Strafe verhängen. Das Vertrauensverhältnis wird dadurch ständig in Frage gestellt. Es ist für viele Bewohner ziemlich schwierig, Schwächen zu zeigen und Fehler machen zu dürfen, wenn die Folge davon neue Sanktionen und neue Absprachen sind, wenn etwas nicht klappt.

Beispiel:
Bewohner Eike liest Pornoheftchen. Er weiß, dass das verboten ist, darum tut er es heimlich. So kommt die Gruppenleitung nicht dahinter, was der Grund des Lesens von diesen Heften ist. Gruppenleiterin Judith kommt zufällig beim Saubermachen seines Zimmers dahinter. Sie fühlt sich in ihrem Vertrauen zu ihm enttäuscht und trifft eine neue Absprache mit ihm. Folglich sucht Eike eine andere Möglichkeit, um doch seine Hefte lesen zu können. Die dahinter liegende Problematik wird so nicht behandelt.

Wir fanden das fehlende Bindeglied in einem Gruppenleiter, der nicht so sehr ein Urteil über den Bewohner fällt, sondern eher eine Zuhörerfunktion hat und dadurch dem Bewohner ein Stück weiter hilft: den *Prozessbegleiter.* Auf diese Art und Weise bekommt die Person des Alltagsbegleiters eine deutlich abgegrenzte Position, und zwar sowohl für den Bewohner als auch für den Gruppenleiter.

Der Alltagsbegleiter trifft z.B. Absprachen mit einem Bewohner und kontrolliert diese. Er konfrontiert den Bewohner mit seinem Verhalten, z.B. beim Saubermachen seines Zimmers oder bei der Verwaltung seiner Finanzen. Auch ist er das Sprachrohr für die Familie und den Arbeitgeber.

Der Alltagsbegleiter bekommt Informationen vom Prozessbegleiter und wird auch durch diesen überprüft. Im Beispiel von Eike bekommt der Prozessbegleiter Hendrik zu hören, dass Eike heimlich Pornoheftchen liest. In seiner Position als Prozessbegleiter ist Hendrik aber ausschließlich an Eikes Beweggründen und seiner Erlebniswelt interessiert. Dadurch findet er Aufschlüsse, die auch für den Alltagsbegleiter von Bedeutung sind. Die Betreuung durch den Alltagsbegleiter läuft sich nicht mehr fest, weil sich immer wieder neue Perspektiven auftun.

Es zeigt sich auch, dass ein Bewohner häufig einen Grund hat, sich abweichend zu verhalten. Durch brauchbare Informationen über die Gründe eines Verhaltens kann der Alltagsbegleiter seine Art der Betreuung verändern, sodass der Bewohner womöglich kein abweichendes Verhalten zeigen muss. Sowohl für das Team als auch für die Bewohner war das eine einschneidende Veränderung.

Im folgenden Abschnitt gehen wir näher auf die Funktionsbeschreibung des Prozessbegleiters ein. Anhand von Beispielen werden wir deutlich zu machen versuchen, welchen Effekt die Hilfe eines Prozessbegleiters auf die Entwicklung von Bewohnern haben kann.

3.4   Der Prozessbegleiter

Im vorigen Kapitel zeigte sich schon, dass ein Prozessbegleiter eine klar abgesteckte Position einnimmt. In erster Instanz ist nicht seine Meinung wichtig, sondern er versucht, Klarheit über die Erlebniswelt des Bewohners zu gewinnen mit dem Ziel, dass dieser besser mitmacht. Es ist seine Aufgabe, eine Vertrauensbeziehung zu entwickeln, sodass der Bewohner lernt, Selbstständigkeit zu erlangen, und dadurch unabhängiger von seiner Umgebung wird. In der Beziehung zu einem Prozessbegleiter muss ein Bewohner nicht kämpfen, und er wird nicht zur Verantwortung gezogen. Das ist Aufgabe des Alltagsbegleiters.

Konkret: Auch wenn ein Bewohner zum Beispiel etwas gestohlen hat, wird ihn der Prozessbegleiter dafür nicht verurteilen. Er interessiert sich ausschließlich für die Ursache dieses Verhaltens. Der Effekt für den Bewohner ist, dass ein Prozessbegleiter niemals seine eigenen Werte und Normen auf die des Bewohners projizieren kann und darf.

In der Praxis zeigt sich, dass es schwierig für einen Gruppenleiter ist, seine persönlichen Werte und Normen losgelöst von einem Bewohner zu sehen. Er hat nämlich auch die Verantwortung für das rechte Verhalten und Handeln dieses Bewohners. Angesichts der Tatsache, dass der Prozessbegleiter ausschließlich für die Begleitung des Wachstumsprozesses des Bewohners zuständig ist, kann er in allen Situationen eine saubere Position einnehmen. Zugleich gibt es dank gründlicher wöchentlicher Teamberatungen ständig Einblick in alle Prozesse sowohl des Bewohners als auch des Alltagsbegleiters und des Prozessbegleiters.

Um einiges davon zu verdeutlichen, greifen wir auf zwei der vier Beispiele, die in Kapitel 2.3 beschrieben sind, zurück.

Im ersten Beispiel war die Rede von dem bestimmenden Verhalten des Gruppenleiters Alex und von der Abhängigkeit des Bewohners Ben.

Während der Prozessbegleitung konnte Ben ziemlich schnell in eigenen Worten sagen, dass das Aussuchen von Kleidung nicht seine Sache war. Wenn er nämlich etwas schön fand, überprüfte er das, indem er einen anderen fragte. War die Reaktion negativ, entschied sich Ben, seine Wahl zurückzunehmen. Die Praxis zeigte, dass solches bei vielen Gelegenheiten geschah; vor allem bei Menschen, die in Bens Augen gebildeter waren als er selbst. Die Folge war, dass er immer passiver wurde.

Gemäß den Vorstellungen der Prozessbegleitung geht Gruppenleiter Alex anders an Ben heran, indem er mehr Zeit investiert, um Bens Meinung herauszufinden. Weil Ben anfangs keine Vorstellung von der Tatsache hatte, dass er sich oft abhängig verhielt, ging Alex in kleinen Schritten vor, die Ben überschauen konnte (Alex fragt Ben: »Was würdest du heute Abend gern tun?« an Stelle von »Ich glaube, es wäre schön für dich, heute Abend Platten zu spielen.«). Abgesehen von der Tatsache, dass Ben lernt, sich für sich selbst einzusetzen, bekommt Alex auch ein besseres Verständnis für die Frage, die ihn betrifft, nämlich das Bestimmen für Ben, wie gut es auch immer gemeint ist.

Im zweiten Beispiel ging es um eine entgegengesetzte Situation. Bewohner Heinrich will zeigen, dass er mehr kann, als andere denken. Der Prozessbegleiter hat ein Interesse an den Dingen, die Heinrich besser kann, und schlägt vor, hierüber mit dem Alltagsbegleiter zu reden, damit Heinrich Vertrauen entgegengebracht wird und er zugleich die Verantwortung für sein Handeln übernimmt. Das findet Heinrich schwierig, und er bittet den Prozessbegleiter, mitzukommen. Das geschieht, und nach einigen Wochen wird zwischen Ron und Heinrich nicht mehr über Sanktionen und das Einhalten von Absprachen gesprochen, es entsteht vielmehr Verständnis zwischen ihnen.

Diese Beispiele zeigen, wie Positionen gleichsam von neuem eingenommen werden und neue Impulse entstehen, von denen aus eine gezielte Betreuung geleistet werden kann. Die Beispiele zeichnen kein vollständiges Bild der Rolle des Prozessbegleiters im ganzen. In Kapitel 6 wird diese Rolle anhand von drei Fallbeispielen ausführlich besprochen.

3.5 Merkpunkte für die Prozessbegleitung

Im Folgenden nennen wir eine Reihe von Merkpunkten, die für den guten Verlauf einer Prozessbegleitung notwendig sind:

- Wie leite ich ein Gespräch?
- Bericht
- Der Zeitaufwand
- Der Kontakt mit dem Alltagsbegleiter

Wie leite ich ein Gespräch?

Um als Prozessbegleiter ein Gespräch führen zu können, ist ein theoretischer Hintergrund vonnöten. Wir werden uns in den Kapiteln 5 und 6 anhand einer theoretischen Betrachtung und dreier Fallbeispiele ausführlich damit beschäftigen.

Es gibt einen wesentlichen Unterschied in der Betreuung von Menschen mit geistiger Behinderung im Vergleich zu normal begabten. Ein Mensch mit geistiger Behinderung lädt sozusagen oft dazu ein, Situationen für ihn zu regeln. In dieser Hinsicht gibt es viele Übereinstimmungen mit der Lebenswelt eines Kindes. Ein Mensch mit geistiger Behinderung fühlt sich schneller abhängig.

Ein Prozessbegleiter muss eine Anzahl von Gegebenheiten ernsthaft berücksichtigen:

- Ein Mensch mit geistiger Behinderung kann weniger gut relativieren;
- es fällt ihm schwerer, zwischen Fantasie und Wirklichkeit zu unterscheiden;
- er benutzt oft eine eigene Sprache, die die Umgebung anders interpretiert;

- er vertraut besonders seinem Gefühl;
- er sucht Halt;
- er gibt leicht Verantwortung aus der Hand, selbst wenn er von der Sache her damit nicht einverstanden ist.

Ein Prozessbegleiter kann erst dann zielgerichtet arbeiten, wenn er neben dem theoretischen Rahmen die Lebens- und Gefühlswelt des Menschen mit geistiger Behinderung kennt und weiß, wie er damit umgehen soll.

Zwei Aspekte sind hierbei wichtig:

1) Wie verhalte ich mich selbst in einem Gespräch? (*Haltung*);
2) Was tue ich, um dem Gespräch einen guten Verlauf zu geben? (*Handlung*).

Welche Haltung nehme ich in einem Gespräch ein?

- Akzeptieren Sie den Bewohner wie er ist.
- Respektieren Sie den Bewohner.
- Seien Sie aufrichtig und ehrlich.
- Seien Sie nachempfindend und mitfühlend.
- Nehmen Sie eine zuhörende Haltung ein.
- Seien Sie stimulierend, aber nicht zu sehr steuernd.

Welche Handlungen sind wichtig, um ein Gespräch gut verlaufen zu lassen?

- Halten Sie den Gesprächsfaden. Wenn jemand emotional ist, kann er leicht abweichen.
- Halten Sie das Gespräch deutlich und übersichtlich.
- Ergänzen Sie nicht, sondern fragen Sie nach Klärung, wenn Sie etwas nicht verstehen.
- Tun Sie nichts, was Sie nicht überblicken.

Bericht

Der Bericht ist ein unentbehrliches Dokument während der Prozessbegleitung. Er ist ein wichtiges Hilfsmittel sowohl für den Prozessbegleiter als auch für Kollegen.

Eine Reihe Merkpunkte:

- Notieren Sie das Datum (wichtig, wenn man auf eine längere Periode zurückschaut).
- Schreiben Sie die Grundzüge des Gesprächs auf.
- Halten Sie den Bericht kurz und sachlich.
- Seien Sie objektiv, indem Sie von der Erlebniswelt des Bewohners ausgehen.
- Nennen Sie Absprachen und Hinweise für den Alltagsbegleiter.

Der Zeitaufwand

In der Praxis zeigt sich, dass die zeitliche Dauer von Wichtigkeit ist. Sie muss vom Prozessbegleiter abgesteckt und bestimmt werden. Dieser hat, jedenfalls zu Beginn, die Leitung des Gesprächs. Übernimmt ein Bewohner die Gesprächsführung, wird oft vom Thema abgeschweift und Energie falsch eingesetzt – mit der Folge ellenlanger Gespräche, durch die die Aufmerksamkeit nachlässt und das wirkliche Problem nicht behandelt wird.

In der Regel sollte ein Gespräch nicht länger als eine halbe Stunde dauern. In der Praxis hat sich gezeigt, dass Bewohner nach einer halben Stunde ihre Konzentration zu verlieren beginnen.

Bei einer Prozessbegleitung für Gruppen sollten Gespräche maximal eine Stunde dauern. Gruppenbezogene Prozessbegleitung wird zum Beispiel bei Menschen eingesetzt, die in einem Haus zusammenwohnen. Diese Gruppen umfassen nicht mehr als vier Personen und werden durch zwei Prozessbegleiter betreut.

Um eine Vertrauensbasis aufzubauen und zu erhalten, sind regelmäßige Gespräche wichtig. In der Praxis heißt das, dass die Gespräche wöchentlich stattfinden müssen. Für die Bewohner ist das von Bedeutung, damit sie den Inhalt der Gespräche erinnern können. Wenn der Zeitabstand zwischen den Gesprächen länger wird, haben viele Bewohner Schwierigkeiten, den roten Faden der Gespräche zu verfolgen. Durch Regelmäßigkeit stellt sich auch schneller eine Vertrauensbasis ein. Der Prozessbegleiter gewinnt vor allem dadurch Vertrauen, dass er immer seine Absprachen einhält.

Der Kontakt mit dem Alltagsbegleiter

Der Alltagsbegleiter vertritt andere Belange des Bewohners und beschäftigt sich weniger mit dessen Erlebniswelt. Er ist damit bestimmender und verlangt in erster Instanz weniger Verantwortlichkeit vom Bewohner. Um als Alltagsbegleiter Einblick in die Entwicklung eines Bewohners zu bekommen, ist gründliche Beratung mit dem Prozessbegleiter notwendig. Es kann durchaus akzeptable Gründe geben, weswegen ein Bewohner streitbar bleibt, ohne dass der Alltagsbegleiter diese richtig erkennt.

Beispiel:
Bewohner Jasper trank am Wochenende zuviel. Alltagsbegleiter Rick musste ihn jedes Mal darauf ansprechen. Rick besprach das Problem mit dem Prozessbegleiter. Und der wiederum entdeckte zusammen mit Jasper, dass Jasper früher, zu Hause, samstagabends immer etwas trinken durfte. Es wurden dann auch immer Spiele gespielt. Dank dieser Information konnte Rick das Alkoholproblem mit Jasper besprechen; die Samstagabende wurden folglich anders gestaltet.

Die Weitergabe von Informationen kann durch Berichte erfolgen, aber auch durch Teamversammlungen, in denen alle über die Entwicklung informiert werden. Es können auch Gespräche zwischen Bewohner, Alltagsbegleiter und Prozessbegleiter stattfinden, wobei der Prozessbegleiter den Bewohner unterstützt. Da der Alltagsbegleiter häufig bestimmend wirkt, also eine Machtposition innehat, ist es gerechtfertigt und nötig, dass auch er regelmäßig in seiner Funktion überprüft wird. Dafür ist gute Teamarbeit notwendig.

4. Ausgangspunkte der Methode

4.1 Einleitung

Mitte der 80er-Jahre starteten wir mit einer neuen, kleinbemessenen Wohnstätte (15 Bewohner), in vier Reihenhäusern. Nach Beratung mit allen Mitarbeitern (Gruppenleitung, Leiter, stellvertretender Leiter, Koch, hauswirtschaftliche Mitarbeiter, Pädagogen) kamen wir zu dem Entschluss, dass wir inhaltlich auf eine andere Art und Weise arbeiten wollten als es jeder bis dahin gewohnt war.

Alle Mitarbeiter kamen während eines Wochenendes zusammen, um über die inhaltliche Seite der Arbeit zu sprechen. Es wurde über Situationen aus der Praxis diskutiert, z.b. über die Frage, ob die Speisekammer abgeschlossen werden sollte oder ob Bewohner selbst Lebensmittel herausholen dürften und was geschehen sollte, falls Bewohner das missbrauchen würden; ob rauchen im Zimmer erlaubt werden sollte oder nicht, und es wurde über das Festlegen von Schlafenszeiten gesprochen. Nach diesem Wochenende stand fest, dass wir als Team diese Fragen nicht beantworten würden, sondern dass die Bewohner das selbst tun müssten. Während das Team auf diese Art an die Arbeit ging, entstanden die Ausgangspunkte, wie sie in diesem Kapitel beschrieben werden:

- Gleichberechtigung,
- Selbstbestimmung der Bewohner,
- die Verantwortung für sich selbst liegt bei dem Bewohner.

Diese Grundregeln galten nicht nur für den Umgang mit den Bewohnern, sondern auch für die Teammitglieder untereinander. Das hatte für die Teamarbeit unter anderem demokratische Entscheidungsprozesse und Engagement aller Teammitglieder zur Folge (s. Kapitel 5.9).

4.2 Gleichberechtigung

Gleichberechtigung ist einer der Kernbegriffe in der Begleitung von Menschen mit geistiger Behinderung in unserer Wohnstätte. Alles Handeln ist von diesem Begriff abgeleitet.

Gleichberechtigung bedeutet, dass alle Menschen gleich viel wert sind. Dies gilt insbesondere für Menschen mit geistiger Behinderung. Sie haben geringere intellektuelle Möglichkeiten, wodurch sie weniger in der Lage sind, Fähigkeiten zu beherrschen, ihre Umgebung zu verstehen, ihre Wünsche klar zu machen und eine gesellschaftliche Position zu erwerben als nicht geistig Behinderte. Diese Ungleichheit beinhaltet nicht, dass derjenige mit geringerem intellektuellen Vermögen weniger wert wäre.

Gleichberechtigtsein bedeutet nicht, dass wir davon ausgehen können, dass alle Menschen eine gleiche »Behandlung« bekommen müssen. Gerade Menschen, die weniger schnell verstehen, muss mehr erklärt werden, Menschen, die weniger können, müssen mehr Chancen angeboten bekommen, Menschen, die sich nur mit Schwierigkeiten äußern können, muss intensiver zugehört werden.

Viele Menschen mit geistiger Behinderung werden überbehütet. Es werden ihnen nur unzureichende Gelegenheiten geboten, Fähigkeiten zu erwerben. Viele Betreuer oder Eltern lassen z.B. Menschen mit geistiger Behinderung nicht mit öffentlichen Verkehrsmitteln fahren, weil dabei vielleicht etwas schief gehen könnte. Auch dürfen sie nicht allein Einkäufe machen, etwa Kleidung, weil man denkt, dass sie diese Wahl doch nicht treffen können. Das ist zwar verständlich, aber Menschen mit geistiger Behinderung haben gerade viele Chancen und Lernerfahrungen nötig, um Fähigkeiten in den Griff zu bekommen.

Eine andere Form des Umgangs, die ebenso wenig gleichberechtigt ist, ist so zu tun, als ob ein Mensch mit geistiger Behinderung nicht behindert wäre. Zum Beispiel, wenn die gleiche Menge Arbeit gefordert wird wie von nichtbehinderten. Viele Menschen mit geistiger Behinderung gehen bei einer solchen Haltung ihrer Mitmenschen kaputt.

Gleichberechtigt mit Menschen mit geistiger Behinderung umgehen bedeutet nicht, alle gleich zu behandeln. Ausgehend von den

Unterschieden zwischen einzelnen Menschen wird unterschiedlich mit ihnen umgegangen. Um zu begründen, warum mit dem einen Bewohner so und mit dem anderen so umgegangen wird, müssen diese Unterschiede benannt werden.

Individuelle Beweggründe, Hintergründe und Hilfebedarf führen zu einer unterschiedlichen Betreuung. Im Grunde aber sind Hilfebedürftiger und Helfer gleichwertig.

Besonderer Wert wird auf die individuelle Begleitung von Bewohnern gelegt. Das ist eine automatische Folge unserer Ausgangspunkte. Aber Mitglied einer Gruppe zu sein, ist in einer Wohnstätte kein unbedeutender Aspekt. Auch auf die Gruppe werden die Prinzipien, die der Gleichberechtigung entspringen, übertragen. Wir kommen später darauf zurück (s. Kapitel 5.10).

Beispiel:
Aus Anlass des 50-jährigen Bestehens des Hauses wird ein Fest gefeiert. Es gibt gut zu essen und zu trinken. Alle Menschen, Bewohner und Gruppenleitung, haben sich vergnügt. Um 23.00 Uhr ist das Fest vorüber. Viele haben das Bedürfnis, noch eine Weile gesellig beisammen zu bleiben und etwas zu trinken. Nun können zwei Dinge passieren: Die Gruppenleiter, als die bestimmende Partei, trinken miteinander noch etwas. Ein Bewohner, der auch dazu gehören will, wird in sein Zimmer geschickt, weil es schon so spät ist (möglicherweise mit der Folge, dass er sich erniedrigt fühlt). Oder: die Gruppenleitung und die Bewohner trinken zusammen noch etwas. Bei der letztgenannten Möglichkeit wird vom Gleichberechtigungsprinzip ausgegangen.

Die Übersetzung von Gleichberechtigung in das praktische Handeln stößt immer wieder auf Probleme. Beide Gruppen von Menschen sprechen unterschiedliche Sprachen. Die Gruppenleiter verwenden in ihrer Sprache abstrakte Begriffe und komplizierte Wörter. Gruppenleiter denken schneller und können folglich schneller kommunizieren und handeln. Die Sprache, die Menschen mit geistiger Behinderung sprechen und benutzen, ist weniger verbal und besteht eher aus Haltungen, Mimik, Gesten usw. Ihre Sprache ist konkreter, weniger ausführlich und unklarer für uns.

Die Beziehung der Gruppenleitung zu den Menschen mit geistiger Behinderung ist automatisch eine Machtposition. Menschen mit geistiger Behinderung nehmen per definitionem eine schwache Position ein. Es ist einfach, seine Machtposition zu benutzen, und das kommt in der Behindertenhilfe noch häufig vor. Menschen mit geistiger Behinderung haben nicht viele Möglichkeiten, gegen Regeln zu protestieren, die ihnen verordnet werden. Sie können dies zum Beispiel aber tun, indem sie mit problematischem Verhalten reagieren oder sich zurückziehen.

Wenn man gleichberechtigt arbeiten und keinen Gebrauch seiner Machtposition machen will, entsteht eine Lücke. Wie kann die Beziehung zwischen Gruppenleitern und Bewohnern Gestalt gewinnen? Was kann die Gruppenleitung tun, wenn Bewohner sich maßlos verhalten? Was muss die Gruppenleitung beitragen? Sind die Bewohner dem gewachsen? Möchten Bewohner das überhaupt? Wie kann eine Wohnstätte funktionieren, ohne dass die Gruppenleitung Regeln aufstellt?

Diese Fragen zeigen, dass es gewiss nicht einfach ist, gleichberechtigt miteinander umzugehen. In Kapitel 5 und danach wird beschrieben, wie der Prozess auf dem Weg zur Gleichberechtigung methodisch begleitet werden kann.

Die Entscheidung, nach dem Prinzip von Gleichberechtigung zu arbeiten, hat auch Konsequenzen für die Zusammenarbeit im Team. In erster Linie bedeutet das, dass die Stimme eines jeden einzelnen im Team gleich viel wert ist. An zweiter Stelle heißt das, dass wir im Team versuchen, die Qualitäten jedes einzelnen zu nutzen. Ein Mitarbeiter hat beispielsweise Qualitäten auf organisatorischem Gebiet, der andere im Schreiben von Berichten, ein weiterer in der Betreuung von Praktikanten. Wir denken, dass es der Zusammenarbeit zugute kommt, wenn wir hiervon Gebrauch machen.

Dies schließt aber nicht aus, dass die anderen auch Raum zum Lernen erhalten. Jedes Teammitglied muss die Möglichkeit bekommen, sich neue Fertigkeiten zu Eigen zu machen. Das bedeutet, und so hat es sich in der Praxis herausgestellt, dass zum Beispiel ein hauswirtschaftlicher Mitarbeiter oder ein Koch pädagogische Aufgaben ausführt und dass ein Gruppenleiter dann hauswirtschaftliche Aufgaben übernimmt. Der Koch übernimmt zum Beispiel die

Betreuung in den Außenstellen, oder ein hauswirtschaftlicher Mitarbeiter übernimmt einen Teil der Betreuung eines Bewohners, weil er jeden Morgen anwesend ist und als einziger die Kontinuität bieten kann, die für die Betreuung dieses Bewohners nötig ist.

So geschah es beispielsweise bei einem Bewohner, der täglich für eine medizinische Behandlung ins Krankenhaus musste. Dabei wurde er von einem hauswirtschaftlichen Mitarbeiter begleitet. Den Bewohner kümmerte in diesem Fall nicht die Funktionsbeschreibung, sondern es ging um die Person, die ihn begleitete.

Geprüft wird der Umgang miteinander am Ansatz der Gleichberechtigung. Wir lernen im Team, einander zuzuhören, einander nicht anzugreifen, anständig mit Kritik umzugehen, jedem einzelnen Raum zu lassen, seine eigene Meinung vorzutragen und uns umeinander zu kümmern.

4.3 Selbstbestimmung der Bewohner

Gleichberechtigtes Umgehen mit Bewohnern beinhaltet, dass man sich mit ihnen auf eine Stufe stellt. Das impliziert, dass man probiert, Bewohner nicht zu beherrschen oder zu bestimmen, was sie dürfen oder nicht; kurz, dass man keine Macht (im Sinne von beherrschen) gebraucht. Wir denken, dass dies der Hilfe für die Bewohner zugute kommt. Wenn Sie Macht einsetzen, um einen Bewohner tun zu lassen, was Sie wollen, schränken Sie den Raum ein, in dem er selbst bestimmen kann, was er will. Sie machen ihn abhängig, Sie rauben ihm die Macht, über sich selbst zu bestimmen.

Wir haben festgestellt, dass Betreuer ihre Machtposition in dem Moment gebrauchen, in dem Betreuung schwierig wird, z.B.

● wenn ein Bewohner sich nicht pflegt,
● wenn ein Bewohner zu viel trinkt oder isst,
● wenn ein Bewohner regelmäßig die Speisekammer plündert,
● wenn ein Bewohner seinen Haushaltspflichten nicht nachkommt.

Dass man von seiner Machtposition Gebrauch macht, wenn ein Bewohner sich auf eine solche Weise verhält, ist sehr verständlich, weil man sich ohnmächtig fühlt. Es ist sehr schwierig, eine andere Weise zu finden, wie man damit umgehen kann. Durch die Besprechung derartiger Probleme im Team fanden wir oft eine Möglichkeit, doch gleichberechtigt mit dem Bewohner umzugehen. Häufig spielte dabei der Prozessbegleiter eine wichtige Rolle, um zu einer befriedigenden Absprache für die Betreuung zu kommen.

Beispiel:
Ein Bewohner trank zu viel Alkohol. Das Team neigte dazu, diesen Bewohner damit zu konfrontieren und den Gebrauch von Alkohol zu verbieten, eventuell auch zu drohen: »Wenn du nicht aufhörst zu trinken, dann …« Der Prozessbegleiter, der einen gleichberechtigten Kontakt zu diesem Bewohner hatte, konnte aber sagen, wo die Ursache des Alkoholproblems lag. Er konnte das Problem zusammen mit dem Bewohner bearbeiten. Unterdessen stellte das Team sich mit dem Bewohner auf eine Stufe und konnte ihm dadurch helfen, alkoholfreie Getränke zu sich zu nehmen. *(Utopisch / Naiv)*

Sanktionen oder Strafen sind Formen, in denen sich Macht äußert. Macht bedeutet, andere zu manipulieren oder Einfluss auf sie auszuüben. Macht kann auch in Form von »Belohnung« geäußert werden. Mitunter kann Macht sich sehr differenziert zeigen.

Beispiel:
Um die Gruppenatmosphäre zu verbessern haben die Gruppenleiter den Beschluss gefasst, in Zukunft alle Bewohner anzuregen, mittwochabends zu Hause zu bleiben. Laut Absprache dürfen alle Anwesenden an diesen Abenden die doppelte Ration von Getränken bekommen.

Per definitionem nehmen Gruppenleiter eine Machtposition und Bewohner eine abhängige Position ein. Auf Grund ihrer Fähigkeiten, ihrer Einsicht und ihrer Kenntnis der Dinge sind Gruppenleiter den Bewohnern oft überlegen. Bewohner schauen zu ihnen auf und lassen sich durch einen Gruppenleiter, der Macht über sie ausübt, beeinflussen. Gruppenleiter verfügen auch über Machtmittel. Eines der bedeutendsten Machtmittel ist Geld. Es ist ziemlich einfach zu bestimmen, wie viel Geld ein Bewohner bekommt, ihm Geld vorzuenthalten oder ihm etwas extra zuzustecken (notabene Geld, das den Bewohnern gehört). Andere Mittel sind: essen (vorenthalten), wohnen (»dann musst du eben woanders wohnen«), Eigentum von Bewohnern aus deren Zimmern holen unter Verwendung eines Generalschlüssels (Stereo- oder Videoanlagen), Informationen manipulieren oder nicht weitergeben und sogar Menschen in ihr Zimmer schicken und Hausarrest geben. Folge von Machtmissbrauch können »Streit« und »Abhängigkeit« sein.

Wenn die Gruppenleitung einem Bewohner vorschreibt, wie er sich verhalten muss, kann er sich entscheiden, dagegen Widerstand zu leisten. Er tut das auf seine eigene Art und Weise, und es ist ihm gleichgültig, was die Gruppenleitung will.

Beispiel:

Ein Bewohner pflegt sich nicht. Die Gruppenleitung hat diverse Versuche unternommen, um mit ihm zu verabreden, dass er sich jeden Tag duscht und saubere Kleidung anzieht. Diese Vorgehensweise blieb ohne Ergebnis. Wir könnten uns nun entschließen, mit diesem Bewohner einen Streit anzufangen, etwa, indem wir ihn zwingen, sich anständig zu pflegen, indem wir die Pflege übernehmen, durch Kontrolle oder Strafe. Wir können uns auch für eine Methode entscheiden, bei der wir versuchen, aus dem Streit auszusteigen.

Wir sind an diesen Bewohner stets mit einer positiven Haltung herangetreten, z.B., indem wir sagten, dass es für uns angenehm ist, wenn er sich pflegt, dass wir es schätzen, wenn er sich rasiert und wäscht. Allmählich veränderte sich seine Haltung. Zunächst in Situationen, die ihm wichtig waren. Aber immer, wenn er nicht mit dem Lauf der Dinge einverstanden ist, protestiert er, indem er sich nicht pflegt. Bereinigt werden solche Situationen durch Gespräche mit dem Prozessbegleiter über seine Probleme. Folglich müssen wir nicht direkt verbieten, nicht konfrontieren oder kontrollieren. Wenn der Weg des Streits gewählt wird, ist die Chance groß, dass die Beziehung zwischen dem Bewohner und dem Gruppenleiter schlechter wird, mit der Folge, dass Betreuung schwierig wird und eine aussichtslose Situation entsteht. Dieser Prozess des »Streitens« entsteht, wenn Gruppenleiter ihre Macht gebrauchen und missbrauchen.

Die andere Folge von Machtausübung ist, dass Bewohner abhängiger werden. Sie passen sich an die Normen und Regeln an, die gestellt werden. Sie lassen sich alles aus der Hand nehmen. Sie können initiativelos werden und zurückgezogen leben.

Wir könnten z.B. auf einen Bewohner, der sich selbst nicht pflegt, reagieren, indem wir sagen: »Dann tun wir es.« Der Bewohner, der das zulässt (nicht streitet), wird damit abhängig gemacht. Ab diesem Moment hat er keine Kontrolle mehr über seine eigene Hygiene. Die wird von da an durch andere bestimmt.

Ein klares Beispiel von Machtmissbrauch betrifft das Geld. Solange wir bestimmen (aus unserer Machtposition heraus), wie viel Geld ein Bewohner empfängt und wann, ist er von uns abhängig. In den vergangenen Jahren haben viele Bewohner ein eigenes Bankkonto eröffnet und bestimmen selbst, wie viel Geld sie abheben. Indem sie selbst die Macht über ihr Geld bekommen haben, wurden sie weniger abhängig von der Gruppenleitung. Ein Gruppenleiter kann nun nämlich nicht mehr Nein sagen.

Noch ein Beispiel, wie Machtmissbrauch zu Abhängigkeit führt: Traumatische Erfahrungen haben bei einem Bewohner zu zwanghaftem Verhalten geführt. Die Gruppenleitung reagiert darauf mit Strafen. Unsicherheit und Angst des Bewohners nehmen zu und er zeigt andere zwanghafte Verhaltensweisen.

Wegen ihrer Abhängigkeit lassen sich Bewohner ungewöhnlich stark beeinflussen. Ein Bewohner verfügt über weniger Einsicht, was ihn selbst und andere betrifft. Dadurch hat der Rat eines Gruppenleiters für ihn enormes Gewicht. Darum ist es von Bedeutung, dass der Gruppenleiter folgendermaßen mit dem Bewohner umgeht: sich mit ihm auf eine Ebene stellen, gleichberechtigt sein und keine Macht und keinen Zwang ausüben. Das führt dazu, dass Bewohner den Freiraum bekommen, ihrem Leben eigene Inhalte zu geben. Dabei müssen Gruppenleiter selbstverständlich Hilfe bieten.

Wir müssen Macht anders einsetzen, z.b. wie es Jan van Haaren (1989) in seinem Buch »Ich begleite und helfe«[2] beschreibt. Er sagt, dass Macht und Ohnmacht zentrale Begriffe in der Betreuung sind. Mit Macht wird »*persönliche Stärke*« bezeichnet, mit Ohnmacht »*das Unvermögen, über die eigenen Möglichkeiten zu verfügen*«. Seine Art und Weise, Betreuung zu beschreiben, hat viele Berührungspunkte mit unserer. Macht ist nämlich die eigene Stärke, die Macht, nicht zu normieren, nicht die Muster der Interaktion mit Bewohnern zu bestimmen, Betreuung nicht als Leistung zu sehen, nicht die Abhängigkeit der Bewohner aufrecht zu erhalten, nicht die Ohnmacht in Interaktionen zu vergrößern, weil man sich selbst nicht vertraut und dem anderen auch nicht. *Aktionismus*

Persönliche Stärke heißt: den hilfsbedürftigen Bewohner nicht beherrschen oder bevormunden. Wenn ich als Gruppenleiter dem Bewohner Selbstbestimmung zugestehe (z.b. den Bewohner selbst bestimmen lasse, wie spät er ins Bett geht, was er essen will oder nicht, wie spät er aufsteht, welche Kleidung er anzieht usw.), bin ich als Gruppenleiter stark, habe ich die Macht über mich selbst.

Persönliche Stärke haben bedeutet, dem anderen die Freiheit lassen, selbst zu wählen, selbst zu bestimmen, was er kann und was er nicht kann. Letzteres ist übrigens immer eine einfache Entschuldigung, wenn einem Bewohner gesagt wird, was er darf und was nicht.

Beispiele:
Zwei Bewohner wohnen selbstständig in einem Haus. Beide hatten viele Schwierigkeiten zu bewältigen. Die Frau, weil sie von ihrer Arbeitsstelle entlassen wurde, und der Mann, weil seine Eltern die Beziehung zu ihm abbrachen. In dieser Zeit tranken beide viel Alkohol. Es wurden Verabredungen getroffen, u.a., dass sie alkoholfreies Bier an Stelle von alkoholhaltigem Bier kaufen sollten.
Allmählich geht es ihnen wieder besser. Viele Schwierigkeiten sind überwunden, und sie haben wieder Stabilität gewonnen. Während eines Einkaufs beschließen sie, wieder normales Bier

2   Haaren, J. van: *Ik* beg*eleid en help.* H. Nelissen, Baarn 1989.

mitzunehmen. Das Team entscheidet in einer Diskussion darüber, dass diese zwei Menschen kein normales Bier haben dürfen, weil sie damit – wie sich gezeigt hat – nicht umgehen können.

Eine solche Haltung kann hemmend auf die Entwicklung von Bewohnern wirken. Ein einziger Fehltritt kann ihr ganzes Leben lang Beschränkungen verursachen. Sie erhalten keine Möglichkeiten mehr zu lernen, mit Alkohol richtig umzugehen. In unserem Beispiel hat das Team nicht die persönliche Stärke, von neuem diesen beiden Menschen die Freiheit (oder den Raum) zu bieten, anders mit Alkohol umgehen zu lernen.

Hans, ein Bewohner mit Essproblemen (medizinischer Ursache), wurde jahrelang unter Druck gesetzt, damit er isst. Oft beeinflussten Sorge und Angst vor Sondenernährung und Infusion den Umgang mit Hans, und er wurde gezwungen, seinen Teller leer zu essen. Er aß dann seinen Teller leer, weil er es musste.

Durch besondere Umstände (u.a. durch den Tod eines Mitbewohners) kam Hans so in Schwierigkeiten, dass er trotz Zwang nicht mehr zum Essen kommen konnte. Nicht-Essen wurde zum Signalverhalten. Das Team gelangte in dieser Zeit zu der Einsicht, dass Zwingen und Fremdbestimmen von Menschen diese in Disfunktionalität führt. Es wurde beschlossen, Hans nicht mehr zum Essen zu zwingen. Er durfte selbst bestimmen, was, wie viel und wann er isst. Er konnte selbst sein Essen und Trinken in der Küche holen. Selbstverständlich wurde er auch angeregt und unterstützt. Nach drei Wochen fing Hans allmählich an, immer mehr zu essen. Er holte sich selbst seine Leckerbissen aus dem Kühlschrank. In diesem Beispiel gab die Gruppenleitung Hans die Macht über sich selbst zurück.

4.4 Bewohner sind für sich selbst verantwortlich

Wir gehen davon aus, dass ein Bewohner für seine Taten selbst verantwortlich ist und dass er deren Konsequenzen selbst tragen muss.

Traditionell übernehmen Gruppenleiter die Verantwortung für einen Bewohner. Gruppenleiter waren stellvertretend verantwortlich, mit anderen Worten, sie mussten die Konsequenzen der Handlungen von Bewohnern tragen. Folge dieser Grundhaltung war, dass Bewohner gewaltig in ihrer Selbstständigkeit eingeschränkt wurden. Jeder Schritt, den Bewohner womöglich verkehrt tun könnten, wurde der Verantwortlichkeit des Gruppenleiters zugerechnet. Bewohner bekamen wenig oder keine Verantwortlichkeit und damit wenig Möglichkeiten, neue Dinge zu lernen.

Ein Bewohner, der in einer Wohnstätte einzieht, muss meistens auf vielerlei Gebieten seine Grenzen entdecken. Oft weiß er von sich selbst nicht, welche Möglichkeiten und Unmöglichkeiten er mitbringt. Die Gruppenleitung, die die Verantwortlichkeit in erster Linie beim Bewohner selbst lässt, gibt ihm Raum, seine eigenen Grenzen zu entdecken.

Beispiel:
Bewohner Victor zieht in eine Wohnstätte ein, und daher müssen Absprachen über die Verwendung seines Lohns gemacht werden. Victor, der immer nur kleine Beträge bekommen hatte, nutzt seine Chance und sagt, dass er 100 Gulden pro Woche haben will. Victors Alltagsbegleiter nimmt ihm in diesem Fall nicht die Verantwortung ab. Mit einfachen Worten erläutert er, was geschehen kann, wenn jemand soviel Geld ausgibt. Victor besteht auf seiner Forderung. Es wird eine Vereinbarung getroffen, dass Victor jede Woche 100 Gulden Taschengeld abhebt. Hinterher zeigt sich, dass Victor viel Geld übrig behält. Das spart er in einem Topf, und nach einiger Zeit kann er sich davon eine Stereoanlage kaufen.

Solchen Absprachen haften natürlich auch Nachteile für den Bewohner an, weil andere Menschen mit geistiger Behinderung, die Geld in der Tasche haben, missbrauchen können. Der Bewohner kann sein Geld für Schund ausgeben, er kann das Geld verlieren. Es ist auch möglich, dass Außenstehende sich beim Gruppenleiter melden, um ihn zur Verantwortung zu rufen.

Vorteile für den Bewohner sind, dass er das Vertrauen seines Gruppenleiters bekommt, dass er ein Gefühl von Selbstwert entwickeln kann, dass er Raum erhält, um selbst zu erleben, was er kann und was nicht, und dass er dadurch zu besseren Verabredungen über – wie in diesem Fall – die Verwendung seines Lohns kommen kann.

Es ist sehr schwierig, Bewohnern Verantwortung zu überlassen. Das Team der Gruppenleiter fürchtet sich vor allem, was schief gehen kann, wenn Bewohner große Verantwortung übernehmen. Wenn aber ein Bewohner in der Wahrnehmung seiner Verantwortlichkeit scheitert, muss der Gruppenleiter ihm helfen. Der Bewohner kann sich zu viel vorgenommen haben. Der Gruppenleiter kann dem Bewohner unter anderem durch Gespräche (s. Kapitel 3.4) Begleitung bieten. Hat der Bewohner seine Grenzen überschritten, ist es von da aus gut möglich, zu abgestimmten Zielen zu kommen und dem Bewohner die Verantwortlichkeiten zu überlassen, denen er gewachsen ist. In solchen Gesprächen kann klar werden, wo die Grenzen eines Bewohners liegen. Es zeigt sich, dass Bewohner Hilfe und Begleitung offener annehmen, wenn auf diese Art und Weise mit ihnen umgegangen wird.

Eine Konsequenz der Übergabe von Verantwortung an den Bewohner, ist, dass er selbst die Wahl trifft, eventuell mithilfe eines Gruppenleiters. Mitunter wählt ein Bewohner etwas anderes als ein Gruppenleiter es tun würde. Die Wahl des Bewohners muss dann respektiert werden, auch wenn das Interesse des Betreuers ein anderes ist.

Wenn wir Bewohnern Verantwortung überlassen und nicht unsere Macht gebrauchen, um sie das tun zu lassen, was wir wollen, geschieht es doch mitunter, dass Bewohner sich (manchmal auch wiederholt) nicht angepasst verhalten, etwa mit provozierendem Verhalten in Cafés oder im Sportverein, öffentlichem Betrunkensein oder ungepflegtem Äußerem usw. Andere, Nachbarn, Mitglieder der Verwaltung, Familienmitglieder oder Bekannte sprechen die Wohnstätte auf dieses Verhalten an und ziehen die Gruppenleitung zur Verantwortung. Wenn solch ein grenzüberschreitendes Verhalten auftritt, ist die Gruppenleitung meist sehr besorgt und tut ihr allerbestes, um dem Bewohner zu helfen und ihn zu begleiten. Der

Druck von außen kann mitunter sehr groß sein und bereitet der Gruppenleitung Schwierigkeiten. Dann kann es eine gute Hilfe sein, solche Gefühle mit dem Team zu teilen.

Wir gehen im Team von einer gemeinschaftlichen Verantwortung aus. Wir sind alle miteinander verantwortlich für die Qualität der Begleitung der Bewohner. Gemeinsam sind wir verantwortlich dafür, dass die Wohnstätte gut läuft, dass die Kasse stimmt, dass wir nicht zu viel ausgeben, dass das Haus sauber ist. Wenn jemand ausfällt, sind wir gemeinsam verantwortlich dafür, dass seine Aufgaben übernommen werden. Wenn jeder verantwortlich für das Ganze ist, wird jeder auch Verantwortung übernehmen.

Gleichberechtigung, die Verantwortung den Bewohnern überlassen und den Bewohner selbst sein Leben bestimmen lassen, sind die Ausgangspunkte der Betreuungsbeziehung zwischen einem Menschen mit geistiger Behinderung und einem Gruppenleiter. Hierdurch wird Zwangsherrschaft der Gruppenleiter über die Bewohner weitestgehend vermieden. Wir haben in den vergangenen sechs Jahren gesehen, dass diese Ausgangspunkte geholfen haben, die Gefühle von Selbstwert sowohl der Bewohner als auch der Gruppenleitung zu stärken. Dabei merkten wir, dass Ohnmachtsgefühle oder Angst zu versagen geringer wurden. Bewohner und Gruppenleitung bekamen mehr Selbstvertrauen und konnten mit beiden Beinen fest auf der Erde stehen.

5.   Die Methode

5.1   Einleitung

Im vorigen Kapitel wurden eine Anzahl prinzipieller Voraussetzungen dargelegt. Wir stellten die Frage, wie wir diese Ausgangspunkte in Handlung umsetzen könnten.

Wir sind uns dessen bewusst, dass arbeiten nach diesen Grundvoraussetzungen nicht einfach ist. In den sechs Jahren, die wir auf diese Art und Weise arbeiten, hat sich aber gezeigt, dass unsere Methode erfolgreich ist. Wegen aller Schwierigkeiten und Probleme, die uns begegneten, mussten wir immer wieder Umgangsformen finden, um gemäß den Begriffen Gleichberechtigung, Selbstverantwortung und Selbstbestimmung des Bewohners arbeiten zu können. In diesem Kapitel versuchen wir, diese Arbeitsweise zu beschreiben.

Nacheinander kommen folgende Aspekte der Arbeit an die Reihe:

- Zuhören und ernst nehmen,
- sprechen mit Menschen mit geistiger Behinderung,
- die Ich-Botschaft,
- Regeln,
- Raum lassen/Selbstständigkeit,
- stellvertretend denken,
- Mitbestimmung der Bewohner,
- Teamzusammenarbeit,
- Gleichberechtigung in der Gruppe.

5.2 Zuhören und ernst nehmen

Wir haben bereits gesagt, dass Gleichberechtigung ein wichtiger Ausgangspunkt im Umgang mit Menschen mit geistiger Behinderung ist (s. Kapitel 4.2). Wie kann dieser Ausgangspunkt im praktischen Handeln Gestalt annehmen? Zuhören können ist eine der Antworten auf diese Frage. Indem sie eine zuhörende Haltung annehmen, können Gruppenleiter zum Ausdruck bringen, dass sie Bewohner ernst nehmen, dass sie sie respektieren und dass Gruppenleiter und Bewohner gleich viel wert sind.

Zuhören beinhaltet sehr viel mehr als einander hören oder anhören. Mit Zuhören meinen wir das »Einfühlen« in den anderen. Ein anderes Wort dafür ist Empathie. Der Zuhörer nimmt eine »zuhörende Haltung« ein, er verhält sich verstehend und offen. Er versucht, so wenig wie möglich seine eigenen Interpretationen gelten zu lassen und so fair wie möglich mit der Meinung des anderen umzugehen. Er respektiert den anderen und dessen Meinung.

Zuhören kann problematisch werden, wenn Menschen mit geistiger Behinderung nicht in der Lage sind, deutlich zu machen, was sie wollen oder meinen. Eine große Gruppe von Menschen mit geistiger Behinderung ist nicht oder nur in geringem Maße in der Lage, Sprache zu gebrauchen. Bei dieser Gruppe müssen Gruppenleiter mehr Anstrengungen leisten, um zuzuhören. Es muss nonverbalen Signalen »zugehört« werden, d.h., Gebärden, Mimik, Haltung und dergleichen.

Menschen mit geistiger Behinderung, die Sprache verwenden, haben auch oft Schwierigkeiten, sich klar auszudrücken. Sie können sich womöglich so ausdrücken, dass die Betonung auf das fällt, was sie nicht meinen. Ein oberflächlicher Zuhörer versteht dann genau die verkehrten Dinge einer Geschichte und gibt eine fehlerhafte Interpretation mit der Folge einer ebenfalls verkehrten Reaktion.

Beispiele:
Während des Kaffeetrinkens beklagt sich Bewohnerin Alice lautstark über die Tatsache, dass der blöde Bus wieder 10 Minuten zu früh da war, um sie abzuholen. Diese Sachlage wird ausführlich mit den notwendigen Flüchen über den Busfahrer ausge-

stattet. Der Gruppenleiter reagiert darauf, indem er sagt, dass sie in Zukunft rechtzeitig bereitstehen muss. Er denkt, dass Alice zu spät war, aber sie hatte etwas völlig anderes ausdrücken wollen. Nachträglich zeigt sich, dass der Busfahrer zu unrecht über Alice geschimpft hat, denn er war 10 Minuten zu früh gekommen und hatte außer Sichtweite der Wohnstätte geparkt. Alice aber hatte drinnen auf den Bus gewartet, weil es regnete.

Dadurch, dass der Gruppenleiter nicht gut zuhörte, löste Alices Verhalten eine ungerechte Reaktion aus. Ihr Problem wurde dadurch nicht aus der Welt geschafft.

Bewohner Jens ist bei einer Feier. Er ist ärgerlich, und das lässt er an seiner Haltung und Mimik erkennen. Jens äußert sich mithilfe von Gesten und Geräuschen (woraus man Worte entschlüsseln kann).

Gruppenleiter Bert geht zu Jens und sagt: »Ach Jens, sei nicht grantig, wir sind hier auf einem Fest, und du verdirbst es Lucy und Mark.« Bert wusste, dass Jens am folgenden Tag Geburtstag hat. Hätte er besser zugehört, dann hätte er gesehen, dass Jens die Gebärden für »Zeit« und »Schlafen« machte. Es wäre angemessener gewesen, dafür Verständnis aufzubringen.

Bewohnerin Anja weint häufig in der Gruppe und zieht sich oft in ihr Zimmer zurück. Wenn sie gefragt wird, was los ist, sagt sie nichts. Die Folge ihres Weinens ist, dass sie sowohl von Mitbewohnern als auch von der Gruppenleitung getröstet wird. Man legt einen Arm um sie und sagt: »Nur ruhig, nur ruhig.« Diese Standardreaktion auf das Weinen kann auch durch eine zuhörende Haltung ersetzt werden. Zum Beispiel: »Ich sehe, dass du weinst, bist du traurig?« Das eröffnet die Möglichkeit, ein Gespräch über das Problem, das das Weinen verursacht, zu führen. So auch bei Anja. Durch diese Haltung wurde die Anzahl der Weinkrämpfe deutlich geringer, und Anja lernt, ihre Probleme in Worte zu fassen.

Jan hat viele Konflikte bei der Arbeit, sowohl mit Kollegen als auch mit dem Gruppenleiter. Zu Hause, in der Wohnstätte, fragt ein Gruppenleiter ihn, wie das kommt. Jan beginnt eine sehr wirre Geschichte, wobei er nicht deutlich machen kann, welche Probleme er bei der Arbeit erlebt. Nach einigen Gesprächen kommt der Gruppenleiter dahinter, dass Jan Äußerungen verwendet, die etwas anderes bedeuten als er darunter verstanden hat. Unter anderem sagt Jan »das kann schon sein«, womit er meint »darüber muss ich noch nachdenken«. Indem der Gruppenleiter Jan aktiv zuhörte, war er in der Lage, dessen Probleme zu verstehen.

Zuhören ist also eine wichtige Fähigkeit in einer Gruppe. Zuhören ist ebenso wichtig in der individuellen Begleitung von Bewohnern mit geistiger Behinderung (s. Kapitel 3.4).

Das Resultat einer guten Zuhörerhaltung von Gruppenleitern ist, dass Bewohner sich verstanden und respektiert fühlen. Sie werden sich leichter äußern und kommen schneller auf den Punkt. Sie wissen, dass sie ernst genommen werden. Folglich gibt es weniger Anlass, extremes Verhalten zu zeigen oder passiv zu werden.

Auf folgende Punkte kann geachtet werden, wenn einem Bewohner zugehört werden soll:
● sich Zeit nehmen, sich dafür hinsetzen;
● prüfen, ob Sie den Bewohner richtig verstanden haben. Nicht zu schnell denken: Ich weiß, was der Bewohner meint;
● beim Kommunikationsniveau des Bewohners ansetzen;
● nicht sprechen, wenn der Bewohner noch Zeit braucht, um nachzudenken;
● maßen Sie sich nicht an, dass Sie es besser wissen, und geben Sie nicht dem Bewohner sofort die Lösung für sein Problem. Versuchen Sie lieber, den Bewohner selbst die Lösung finden zu lassen.

Interaktionen zwischen Menschen sind viel nuancierter als wir mit Worten beschreiben können. Ein Weg, darin besser zu werden, ist das Betrachten von Videoaufnahmen. So können wir das Verhalten von Bewohnern viel präziser beobachten und interpretieren. Jacques Heijkoop beschreibt, wie wichtig es ist, gut auf die Bedeutung von Signalen der Bewohner zu achten.[3] Es wird dadurch möglich, sich genau auf ihr Verhalten einzustellen.

3 Heijkoop, J.: Herausforderndes Verhalten von Menschen mit geistiger Behinderung. Beltz, Weinheim und Basel 1998.

5.3   Mit geistig behinderten Menschen sprechen

Üblicherweise treten wir mit Sprache an Bewohner heran. Sprache ist in der Prozessbegleitung ein wichtiges Instrument bei der Betreuung von Bewohnern. Es ist daher nicht überflüssig, sich länger mit dem Gebrauch von Sprache zu befassen. In Kapitel 3.5 »Wie leite ich ein Gespräch?« wurde schon darauf eingegangen.

Das erste, das wir uns klarmachen müssen, wenn wir uns an einen Bewohner wenden und mit ihm sprechen wollen, ist, dass er ein anderes Denkniveau, eine andere Art zu denken und eine andere Sprachentwicklung hat als wir. Der Bewohner macht auf andere Art Gebrauch von Sprache. Vielleicht ist er gewohnt, sich auf nonverbale Art auszudrücken. Wenn wir auf unserem eigenen Sprachniveau sprechen, ist die Wahrscheinlichkeit groß, dass das, was wir klarmachen wollen, nicht ankommt. Wenn andererseits der Bewohner etwas auf seine Art und Weise klarmachen will, ist die Wahrscheinlichkeit groß, dass wir es nicht erfassen. Dann verstehen wir den Bewohner nicht. *besonders auf der Emohonalebene (Ich-Eb.)*

Wir fordern Bewohner oft auf, gut zuzuhören. Wir meinen damit, dass sie versuchen sollen, zu verstehen, was der andere meint, ehe sie selbst etwas dazu sagen. In der Geschichte vieler Bewohner wurde Zuhören als Synonym von Gehorsam verwendet. Viele Bewohner interpretierten die Bitte zuzuhören folglich als Aufforderung, gehorsam zu sein.

Wenn Sie einem Bewohner etwas erzählen, ist es wichtig, dass Sie sich fragen, wie viel Informationen ein Bewohner gewachsen ist. Oft ist ein Bewohner nicht in der Lage, viele Informationen gleichzeitig zu verarbeiten oder zu erinnern. Jeder Satz, den Sie zu einem Bewohner sagen, enthält Informationen. Wir nennen dies »Botschaften«. Es ist sinnvoll, dass Sie sich fragen, wie viele Botschaften Sie mit einem Satz herüberbringen wollen. Ein Satz wird nämlich um so schwieriger, je mehr Botschaften er enthält. Sie können bei einem Bewohner mit geistiger Behinderung oft besser ankommen, wenn Sie die Anzahl der Botschaften pro Satz niedrig halten.

Beispiel:
Die Uhr von Bewohner Hendrik geht nicht mehr. Er geht damit zur Gruppenleiterin Yvonne. Angesichts der Tatsache, dass die Uhr im Zusammenhang mit seiner Tageseinteilung ein wichtiges Hilfsmittel für Hendrik ist, schlägt Yvonne vor, dass er sie direkt zum Uhrmacher bringt. Hendrik soll fragen, wie viel die Reparatur ungefähr kostet, ob sie gemacht werden kann und falls ja, wie lange es dauert, bis sie repariert ist. In diesem Auftrag sind fünf Botschaften enthalten. Als Hendrik bei dem Uhrmacher ankam, wusste er nur noch zu sagen, dass seine Uhr nicht mehr ging. Weil er aber wusste, dass er mehr fragen sollte, geriet er in Panik. Als er nach Hause kam, konfrontierte ihn Yvonne. Sie wollte gerne Auskunft haben, worauf Hendrik erzählte, dass der Uhrmacher nichts gesagt hatte. Yvonne rief den Uhrmacher an. Danach wurde deutlich, dass Hendrik keine der Botschaften hatte überbringen können. Tatsächlich wurde Hendrik auf diese Weise mit seinem Unvermögen konfrontiert.

Auch die Wiedergabe von Informationen verschiedener Menschen kann einem Bewohner Probleme verursachen. Es ist dann vor allem für den Gruppenleiter wichtig, hiermit sorgfältig umzugehen.

Beispiel:
Während des Gottesdienstes hört Bewohner Martin, dass ein für ihn wichtiges Mitglied der Gemeinde verstorben ist. Nach dem Gottesdienst kommt ein Mann auf Martin zu und erzählt ihm begeistert, dass er Vater geworden ist. Eine Woche davor war Martin Onkel geworden. Es fällt Martin schwer, mit diesen gegensätzlichen Botschaften umzugehen. Zu Hause erzählt er, dass seine Nichte gestorben ist.

Dieses Beispiel zeigt, dass Martin zwei verschiedene Botschaften auf seine Weise erzählt, und zwar entsprechend dem, was er schlimm findet. Es wird deutlich, dass seine Geschichte wie eine Fantasie klingt. Wenn Sie als Betreuer derartige Geschichten hören, ist es wichtig, damit ernsthaft umzugehen und zu helfen, die Verwirrung, die der Bewohner empfindet, zu erhellen.

Wenn Sie verständlicher sprechen wollen, müssen Sie darauf achten, so viele Wörter wie möglich zu konkretisieren. Es werden viele Wörter gebraucht, die unklar sind, z.B. Zeitangaben wie gleich, direkt, sofort und in einigen Monaten. Oft ist es leicht möglich zu konkretisieren, z.B.: nach dem Essen, vor dem Tee, wenn du zu Bett gehst usw. Längerfristige Zeitangaben können oft z.B. durch Bilder konkretisiert werden oder durch Angaben von festen Terminen im Jahr, etwa: Gleich nachdem wir Karneval gefeiert haben.

Ein Fallstrick ist oft die Benennung von Gefühlen, unter anderem Eifersucht, Scham, Hass und Verliebtsein. Viele Bewohner können diese Art von Gefühlen nicht benennen und manchmal auch nicht erkennen. Wenn sie diese Wörter doch gebrauchen, müssen Sie gut aufpassen, was der Bewohner präzis damit meint, und nicht unmittelbar ihre eigene Interpretation davon geben. *OK*.

Beispiele:
Eine Bewohnerin sagt, dass sie in einen Mann verliebt ist. In ihrem Verhalten zeigt sie das aber nicht. In der Gruppe, wo sie wohnt, verbessert es den Status, wenn jemand eine Beziehung hat. Sagen, dass sie verliebt ist, kann also bedeuten, dass sie eine feste Beziehung wünscht, um dazuzugehören. *sehr komplex*
Ein Bewohner mit autistischen Verhaltensweisen sagt: »Ich habe dich so vermisst.« Wir könnten diese Bemerkung als feinfühlig, mitfühlend interpretieren. Wahrscheinlich hat dieser Bewohner gelernt, eine solche Bemerkung zu machen, wenn er jemanden längere Zeit nicht gesehen hat. Wir neigen dazu, unsere Gefühle auf Bewohner zu projizieren. Es ist wichtig, wenn Sie über Gefühle und Emotionen sprechen, abzuklären, welche der Bewohner kennt und wieder erkennt.

Im Gebrauch von Wörtern gibt es noch ziemlich viele Variationsmöglichkeiten, was das Schwierigkeitsniveau anbelangt. Die Worte Auto, Tasse, Jacke, Butterbrot und Tür stehen für begreifbare, eindeutige Gegenstände. Anders wird es bei Wörtern wie Kleidung, Besteck, Tiere, Essen, Gebäude usw. Diese Wörter stehen nicht für eindeutige Dinge. So steht Kleidung etwa für Jacke, Pullover, Hose, Socken und Unterhose usw. *... Hmm ... ja*

Wörter, die sich auf etwas Anfassbares beziehen, sind recht einfache Wörter. Auch Verben, Tätigkeitswörter, z.b. essen, laufen, schlafen, arbeiten, sehen usw. sind Wörter für etwas, was Bewohner selbst ausführen können, und deswegen für sie leicht verständlich. Geben Sie acht bei Wörtern aus der Sprache der Sozialarbeit: Ideal, Zukunft, Zielsetzung, Respekt, Relation, konkret, Prozess, Tiefstpunkt, depressiv, Raum geben usw. Wenn Bewohner Wörter nicht verstehen, werden sie unsicher. Sie fühlen, dass sie versagen, und das ist nicht unser Ziel. Versuchen Sie, wo immer Sie können, sich in verständlicher Sprache auszudrücken. *Andererseits könnte es nicht verkehrt sein, dieses Vokabular zur differenzierung einzuwenden und den Bewohner an dem Milieu der*

5.4 Die Ich-Botschaft *Sozialarbeit teilhaben zu lassen*

In Kapitel 4.3 wurde bereits gesagt, dass es wichtig ist, mit Bewohnern nicht in Widerstreit zu treten. Damit ist gemeint, dass kein Kampf darüber, wer hier der Chef ist, entstehen soll. Kämpfe können entstehen, wenn Gruppenleiter Strafen oder Sanktionen auferlegen. Oft setzen Gruppenleiter Gruppenregeln oder Lebensregeln fest. Solche Regeln können für Bewohner ein Grund sein, sich zu widersetzen. Auch alltägliche Kommunikation kann Anlass für Streit sein, z.b., wenn ein Gruppenleiter seine Meinung über Verhalten oder alltägliche Dinge sagt, ohne nach der Auffassung der Bewohner zu fragen oder ohne sie in die Organisation einzubeziehen.

Beispiele:
Die Regel »Schlafenszeit ist 22.00 Uhr« ist eine Regel, gegen die häufig angekämpft wird. Gruppenleiter bestimmen damit, wann und wie lange Bewohner schlafen müssen, ohne deren individuelle Bedürfnisse zu berücksichtigen. Bewohner können dagegen ankämpfen, indem sie zu spät nach Hause kommen, trotzdem aufbleiben oder später heimlich aus dem Bett steigen.
Für eine neu einzurichtende Wohngruppe müssen Möbel gekauft werden. Der Gruppenleiter, der die Einrichtung dieser Außenwohngruppe koordiniert, hat einen Termin ausgesucht und bei zwei Möbelgeschäften angerufen und sich dort verabredet. Zwei der zukünftigen Bewohner weigern sich, mitzugehen.

Ihr Widerstand richtet sich gegen den Gruppenleiter, der ohne
Rücksprache schon Anrufe getätigt hat.

Wichtig im Umgang mit Bewohnern ist es, der Tatsache Rechnung
zu tragen, dass auch sie eine Meinung haben. Gruppenleiter müssen
sich im Grunde immer dessen bewusst sein, dass sie Bewohnern
Raum geben, ihre eigene Meinung vorzutragen. Nur wenn dieser
Raum gegeben wird, gewinnen die Bewohner Mündigkeit. Ein weiterer Vorteil dieser Vorgehensweise ist, dass Bewohner nicht anfangen zu kämpfen, wodurch die Beziehung zwischen Gruppenleiter
und Bewohner gleichberechtigt sein kann.

Wenn ein Bewohner unakzeptables Verhalten zeigt, kann ein
Gruppenleiter darauf mit einer »Ich-Botschaft«[4] reagieren. Das
heißt: er sagt dem Bewohner, dass und warum er dieses Verhalten
nicht akzeptieren kann. Mit einer Ich-Botschaft tritt er aber nicht
beschuldigend, urteilend oder moralisierend auf, sondern sagt einfach, wie er sich fühlt, wenn der Bewohner solches Verhalten zeigt.

Beispiel:
Ein Bewohner kommt mit schmutzigen Händen und schmutzi-
gem Gesicht an den Tisch. Der Gruppenleiter kann darauf mit
einer Ich-Botschaft reagieren: »Von deinen schmutzigen Händen wird mir übel, es verdirbt mir den Appetit.« Er hätte auch
mit einer Du-Botschaft reagieren können: »Was bist du für ein
Schmierfink, geh schnell deine Hände waschen.«
Durch die Du-Botschaft kann unmittelbar ein Streit entstehen.
Durch die Ich-Botschaft bleibt die Verantwortung beim Bewohner, ob er seine Hände wäscht oder nicht. Streit kann kaum
entstehen, der Bewohner kann nichts am Gefühl des Gruppenleiters ändern.

Mit der Anwendung von Ich-Botschaften muss die Absicht verbun-
den sein, dem Bewohner Raum zu lassen. Es ist einfach, eine Du-
Botschaft in eine Ich-Botschaft zu kleiden »Ich finde, dass du ein
Schmutzfink bist.«

4   Gordon, T.: *Luisteren naar kinderen.* Elsevier, Amsterdam/Brussel 1970.

Auch eine Haltung kann leicht eine Du-Botschaft ausstrahlen, womit ein Gruppenleiter einen Bewohner ohne etwas zu sagen zwingt, eine bestimmte Handlung auszuführen.

Gruppenleiter in einer Wohnstätte müssen normalerweise vieles regeln. In Organisationen besteht oft Einvernehmen darüber, allerlei Dinge zu regeln, ohne die Bewohner vollständig dabei einzubeziehen. Gruppenleiter sollten sich aber ins Bewusstsein rufen, dass sie sich bei allem, was es zu regeln gilt, mit den Bewohnern beraten. Es muss davon ausgegangen werden, dass Bewohner in vielen Dingen eine eigene Meinung haben. Treffen unterschiedliche Meinungen aufeinander, muss nach einer angemessenen Lösung gesucht werden. Die Erfahrung lehrt, dass sich Bewohner bei einer solchen Haltung flexibler und anpassungsfähiger verhalten.

5.5 Regeln

Wir haben schon früher gesagt, dass allgemeine Regeln in einer Wohnstätte hinderlich für das Wachstum und die Entfaltung von Bewohnern sind. In diesem Abschnitt über Regeln gehen wir auf folgende Fragen ein:

● Wie entstehen Regeln?
● Welche einschränkenden Effekte haben Regeln?
● Warum können Bewohner nicht gut betreut werden, wenn gleichzeitig mit vielen allgemeinen Regeln gearbeitet wird?

Um deutlich erkennbar zu machen, um was es geht, nennen wir im folgenden einige Regeln aus der täglichen Praxis:

– Tee wird aus einer Tasse getrunken und nicht aus einem Becher.
– Alle Bewohner müssen montags, mittwochs und freitags duschen. *Nicht zutreffend! Nur bei notwendiger Begleitung...*
– Wenn ein Bewohner sich für einen Freizeit-Klub angemeldet hat, darf er nicht vor Ende der Saison wieder austreten.
– Kleine Haustiere im Zimmer sind nicht erlaubt.
– Um 22.00 Uhr geht jeder in sein Zimmer. *Ruhezeiten gegenüber anderen Bewohnern*

- Bewohner dürfen nicht ohne Zustimmung in die Vorratskammer gehen.
- Montags um 18.30 Uhr bekommt jeder sein Taschengeld.
- Über Einkäufe, die mehr als 30,– Gulden kosten, berät sich der Bewohner mit seinem Mentor.
- Brotbelag wird dünn aufgestrichen.
- Bei den warmen Mahlzeiten muss der Bewohner am Tisch sitzen.
- Medikamente werden dem Bewohner vom Dienst habenden Gruppenleiter verabreicht. *Koordination nötig, einnahme*
- Man darf im Zimmer nicht rauchen. *= Struktur ✓ autonom*
- Der Bewohner darf sich beim Essen nicht auf die Ellenbogen stützen.
- Das Fernsehen wird während der Mahlzeiten ausgeschaltet (auch bei einer für den Bewohner wichtigen Sendung).
- Am Wochenende bekommt jeder nach dem Kaffee einen Leckerbissen vom Haus.

Wie entstehen Regeln?

Im allgemeinen werden Regeln vom Team aufgestellt, wenn Problemsituationen auftreten. Das kann ein Problem der Bewohner sein, etwa wenn manche Bewohner sich nicht pflegen und man folglich die Regel aufstellt: Bewohner müssen jeden Tag duschen. Das Problem kann auch ein Problem der Gruppenleiter sein. Droht das finanzielle Budget überschritten zu werden, und es scheint vor allem der Kaffee eine verhältnismäßig hohe Ausgabe zu sein, stellt man also die Regel auf, dass Bewohner nur aus kleinen Tassen Kaffee trinken dürfen.

Es können auch Regeln eingeführt werden, weil man denkt, damit Problemen zuvorzukommen. Bewohner dürfen beispielsweise nicht in ihrem Zimmer rauchen, weil man auf diese Art und Weise einen Brand vermeiden kann. Diese Regel entspringt dem Vorurteil, dass Bewohner nicht mit Zigaretten und Zigarren umgehen können. *Risiko individuell abzuwägen = Rauchmelder ✓*

Allgemeine Regeln werden auch deshalb aufgestellt, weil die Gruppenleiter denken, dass die Bewohner ihre Verhaltensnormen erfüllen müssen. Eine Norm, die Gruppenleiter Bewohnern auferlegen, ist zum Beispiel, dass das Fernsehen nicht während der Mahlzeiten laufen soll.

In einer Wohnstätte sind für verschiedenste Dinge Absprachen nötig, etwa wann die warme Mahlzeit fertig ist, wer welche Aufgaben erfüllt (u.a. abwaschen, tischdecken, Kaffee bereiten, im Garten arbeiten und Kartoffeln schälen). Absprachen darüber sind in jeder Lebensgemeinschaft nötig. Wenn diese Absprachen den Bewohnern von Gruppenleitern auferlegt worden sind, werden sie zu Regeln. Es ist aber möglich, Bewohner selbst solche Verabredungen treffen zu lassen. *Regeln ≠ Rahmenbedingungen*

Welche einschränkenden Effekte haben Regeln?

Durch Arbeiten mit vielen allgemeinen Regeln behindern Gruppenleiter das Wachstum zur Selbstständigkeit. Es ist aber wichtig, dass Bewohner viele schwierige Dinge handzuhaben lernen, wenn sie selbstständiger werden wollen. Gibt es zum Beispiel strenge Regeln in Bezug auf das Schlafengehen, dann hat ein Bewohner keine Möglichkeit, damit zu experimentieren. Er lernt nicht seine eigenen Grenzen kennen und selbstständig zu bestimmen, zu welcher Zeit er ins Bett geht.

Viele Regeln nehmen den Bewohnern das Gefühl von eigener Verantwortung. In einem solchen Klima werden sie wenig stimuliert, die Initiative zu übernehmen. Mitunter gehen Bewohner gegen die Starrheit, die die Regeln verursachen, an. Etwa der Bewohner, der in der Woche zu einem Fest will, aber vor 23.00 Uhr zu Hause sein muss, oder der Bewohner, der an einem Dienstag hört, dass er Onkel geworden ist und mit seinen Mitbewohnern darauf anstoßen will, sich aber danach richten muss, dass in dem Haus ausschließlich mittwochs und am Wochenende etwas extra getrunken wird. Diese Starrheit frustriert manche Bewohner. Sie nehmen den Kampf gegen diese Regeln auf, meistens ohne Erfolg.

Warum können Bewohner nicht gut betreut werden, wenn nach allgemeinen Regeln gearbeitet wird?

Ein Bewohner, der Schwierigkeiten hat, äußert das durch auffälliges Verhalten. Er lässt zum Beispiel in seiner Körperpflege nach. Das Team beschließt, dem Bewohner klar zu machen, dass es so nicht geht. Die Regel lautet, dass Bewohner jeden Tag unter die Dusche gehen, sich rasieren, ihre Zähne putzen müssen und dergleichen mehr. Das wird von den Gruppenleitern kontrolliert. Ehe ein Bewohner nach draußen geht, muss er zum Gruppenleiter, um zu zeigen, dass er sich anständig angezogen hat. Angenommen, ein Bewohner ist in der Lage sich selbstständig zu pflegen. Indem auf die genannte Weise mit dem Verhalten des Bewohners umgegangen wird, entsteht eine Situation, in der der Bewohner sich entweder an die Regel anpasst oder den Kampf dagegen aufnimmt. Der Gruppenleiter hat aber nicht die Möglichkeit, sich mit der Ursache des unangepassten Verhaltens zu beschäftigen. Er kann versuchen, den Bewohner in einem Gespräch zu überreden, sich besser zu verhalten, aber er ist an die Regel gebunden. Er kann die Verantwortung für die Hygiene nicht dem Bewohner überlassen. Der Gruppenleiter ist dafür verantwortlich, dass der Bewohner sich an die Regeln hält.

Das Einführen einer allgemeinen Regel kann einem Team das Gefühl geben, dass das Problem gelöst ist, dass alles prima geregelt ist und dass nichts mehr schief gehen kann. Das lässt sich gut an der Regel »Bewohner dürfen nicht in ihrem Zimmer rauchen« illustrieren. Das Team hat Angst, dass Bewohner in ihrem Zimmer nicht sorgfältig mit Feuer umgehen und möglicherweise einen Brand verursachen. So wird eine allgemeine Regel verabredet. Es gibt aber Bewohner, die heimlich in ihrem Zimmer rauchen. Vielleicht drücken sie schnell ihre Zigarette aus, wenn sie einen Gruppenleiter auf dem Gang hören. Auf solches Verhalten hat der Gruppenleiter nun keinen Einfluss mehr. Die Regel ist möglicherweise nicht so sicher wie gedacht.

Wirklich notwendige Regeln wie »um wie viel Uhr essen wir« oder »wer übernimmt welche Aufgaben?« können am besten gemeinsam von Bewohnern und beteiligten Teammitarbeitern aufgestellt werden. Das Problem wird in einer Bewohnerversammlung besprochen. Jeder Bewohner kann seine Wünsche vortragen, und man kommt gemeinsam zu einer Verabredung. Gruppenleiter müssen dabei ganz aufrichtig handeln. Sie dürfen nicht gleich mit einem fix und fertigen Vorschlag beginnen, sondern müssen erst wirklich Zeit für die Wünsche der Bewohner lassen. Sie müssen den Bewohnern wirklich zuhören. Die Bewohner können selbst Verabredungen treffen, etwa über die Aufgabenverteilung. *Gruppenleiter müssen diesen Prozess begleiten, aber nicht bestimmen.*

5.6   Raum lassen/Selbstständigkeit

In Kapitel 4.2 haben wir gesagt, dass Menschen mit geistiger Behinderung viel mehr Chancen und Lernerfahrungen brauchen, um Fähigkeiten in den Griff zu bekommen als nichtbehinderte. Menschen mit geistiger Behinderung werden oft beschützt, weil Betreuer und Eltern von vornherein davon ausgehen, dass sie bestimmte Fähigkeiten nicht beherrschen, oder weil sie Angst haben, dass etwas schief gehen kann. Die Folge ist, dass Menschen mit geistiger Behinderung alles mögliche aus der Hand genommen wird, dass ihnen keine Chancen geboten werden, bestimmte Dinge auszuprobieren. Wir sehen in der Praxis, dass viele Menschen mit geistiger Behinderung gelernt haben, sich abhängig zu verhalten. Sie lassen andere (z.b. Gruppenleiter) alles tun und ergreifen nicht selbst die Initiative.

Beispiel:
Bewohner Peter fummelt an der Kaffeemaschine herum. Gruppenleiterin Bernadette sagt:»Lass mich mal machen.« Augenblicklich überlässt Peter alles Bernadette und setzt sich gemütlich hin.

Wenn es unser Ziel ist, Bewohner zu Selbstständigkeit und Mündigkeit zu begleiten, ist es von besonderer Bedeutung, ihnen Raum zu lassen. Im Beispiel von Peter könnte Bernadette besser etwas abwarten und ihn weiter herumhantieren lassen. Wenn er es wirklich nicht schafft, kann sie ihm helfen, etwa durch mündliche Hinweise, aber nicht, indem sie ihm alles aus der Hand nimmt.

»Arbeitsdruck« ist häufig der Grund, weswegen Bewohnern kein Raum gelassen wird. Von oben herab (Direktion, Verwaltung und Leitung) und von außerhalb der Wohnstätte werden Ziele bestimmt. So müssen z.b. alle Zimmer sauber und aufgeräumt aussehen. Gruppenleiter müssen hart arbeiten, um das zu schaffen. Währenddessen bleibt für die Bewohner kein Raum, selbstständig ihr Zimmer zu machen. Sie bekommen also auch keinen Raum, selbst zu erleben, was alles dazu gehört, ein Zimmer sauber zu halten. Die Gruppenleiter nehmen ihnen das aus der Hand. Der Bewohner bleibt unselbstständig.

»Routine« kann auch ein Grund sein, weswegen Bewohner in einer Wohnstätte keinen Freiraum erhalten.

Beispiele:
Seit Jahren schon wurden alle Bewohner von der Gruppenleitung geweckt, dadurch lernte keiner von ihnen, selbstständig aufzustehen. Selbst Bewohner, die schon selbstständig aufstehen konnten, bevor sie in diese Wohnstätte kamen, nehmen durch diese Routine wieder eine abhängige Haltung an.
Der Dienst tuende Gruppenleiter räumt zwischen Hauptgericht und Nachspeise eben schnell das Geschirr ab (es gibt eine Spülmaschine). Die Bewohner finden das ganz bequem, sie sehen passiv zu.
Es sind immer die Gruppenleiter, die ans Telefon gehen, wenn es klingelt. So lernen Bewohner nicht, ein Gespräch anzunehmen und zu beantworten.

Im Hinblick auf das Selbstständigwerden und auch das Selbstständigwohnen muss man in der Wohnstätte herausfinden, mit welchen Handlungen man den Freiraum der Bewohner beschränkt. Es geht darum zu erkennen, wie man als Gruppenleiter bestimmt, was geschieht, ehe ein Bewohner die Chance bekommt, die Situation auf seine Weise anzugehen.

Auch in sozial-emotioneller Hinsicht wird Bewohnern oft kein Raum zugestanden. Sie dürfen dies nicht, sie dürfen das nicht, es wird nicht auf ihre Wünsche gehört, alle wissen schon, was gut für sie ist. Ein Bewohner, der in einer Wohnstätte wohnt, muss vielen verschiedenen Werten und Normen anderer Menschen gerecht werden. Im folgenden Kapitel wird darauf näher eingegangen.

5.7 Stellvertretend denken

Viele Menschen mit geistiger Behinderung haben Schwierigkeiten, deutlich zu sagen, welche Bedürfnisse sie haben und wie sie diese befriedigt haben wollen. Selbst wenn sie wissen, was sie wollen, haben sie Schwierigkeiten, ihre Wünsche klar auszudrücken. Dies sollte Gruppenleiter herausfordern, selbst darüber nachzudenken, was ein Bewohner will oder welche Bedürfnisse er hat. Möglicherweise fügen sie dann noch hinzu, was gut für den Bewohner ist. Dabei gehen sie von ihren eigenen Werten und Normen aus. In unserer Wohnstätte bezeichnen wir das als »vorgeben«. Wir finden es wichtig zu versuchen, so wenig wie möglich für unsere Bewohner vorzugeben. Es ist für den Bewohner von Vorteil, wenn so anständig wie möglich mit seinen eigenen Wünschen umgegangen wird. Wenn wir Gefühle und Bedürfnisse von Bewohnern übergehen, indem wir etwas vorgeben, könnte ihn das frustrieren. Wenn wir immer an Stelle des Bewohners denken, handeln und bestimmen, was gut für ihn ist, lassen wir ihn indirekt wissen, dass er das selbst nicht kann. Das aber steht unseres Erachtens im Gegensatz zu dem, was wir für Bewohner anstreben, nämlich ihnen das Gefühl geben, dass sie uns gleichberechtigt sind.

Beispiel:
Zu Ehren eines Jubiläums bekommt Bewohner Hugo eine ordentliche Summe Geld. Gruppenleiter Hans, der Hugo betreut, fragt ihn nach dem Geld, damit er es sicher im Geldschrank aufheben kann. Unter Protest gibt Hugo seinen Umschlag ab.
In den folgenden Wochen kommen Hans immer wieder kleine Summen Geld abhanden. Hugo wird auf frischer Tat ertappt. Das Team nennt Hugo einen Dieb und verurteilt ihn.
Der Prozessbegleiter, der später mit Hugo darüber spricht, verhält sich so objektiv wie möglich. Er fragt Hugo, warum er Hans das Geld weggenommen hat. Hugo sagt, dass Hans ihm das Geld

weggenommen hatte und dass er auf diese Art und Weise versuchte, es zurückzubekommen. Darauf erklärt der Prozessbegleiter, warum Hans den Umschlag mitgenommen hatte, worauf Hugo antwortet: »Ich hätte es doch auch in meiner eigenen Geldkassette sicher aufheben können?«

Dieses Beispiel enthält zwei Momente, in denen etwas durch den Gruppenleiter vorgegeben wird. Im ersten Fall wurde Hugo das Geld abgenommen (er hätte doch selbst darauf aufpassen können – so äußert sich Denken und Handeln an Stelle des Bewohners). Indem wir an Stelle des Bewohners denken, nehmen wir ihm Raum, den er selbst hätte besetzen können. Im zweiten Fall wurde er Dieb genannt (er nahm sich, worauf er meinte ein Recht zu haben – hier wird bestimmt, ob das, was Hugo tut, gut ist, es wird normiert).

Beispiel:
Bewohnerin Caroline erklärt Gruppenleiterin Bettina, dass sie nicht mehr am Wochenende zu ihren Eltern gehen will. Bettina findet aber, dass Caroline (zu ihrem eigenen Besten) ihre Eltern besser ab und zu besuchen sollte. Dabei denkt Bettina an die Wochenenden in der Wohnstätte, wo Caroline ihre Freizeit ausfüllen müsste. Bettina findet es auch wichtig, dass soziale Kontakte und vor allem Familienkontakte gepflegt werden. Mit diesen Argumenten bedrängt sie Caroline, ihre Eltern doch ab und zu zu besuchen. Caroline folgt ihr, aber ausschließlich, weil Bettina das will.
Im Nachhinein erkennen wir im Verhalten von Caroline den Versuch, unter den Fittichen ihrer Eltern hervorzuschlüpfen, um mehr Selbstständigkeit zu erlangen.

Dieses Beispiel zeigt, wie Normen und stellvertretendes Denken und Handeln der Gruppenleiterin bestimmend wirken. Bettina war nicht offen für Carolines Bedürfnis, Abstand von ihren Eltern zu gewinnen. Demnach hat Bettina ihre Normen für Familienkontakte Caroline aufgezwungen.
Beim Thema Sexualität begegnen wir noch sehr vielen Vorgaben. Das hängt mit unseren Normen zusammen, aber auch mit dem

eigenen Erleben von Sexualität. Oft ist es einfacher, sich auszudenken, wie die Sexualität eines Bewohners aussieht, als ihn selbst danach zu fragen (und darauf auch Antwort zu erhalten). Gerade in Bezug auf Sexualität erweist es sich wieder als wichtig, die eigenen Normen und die Normen des Bewohners voneinander zu trennen. Wenn der Gruppenleiter seine eigenen Normen aufdrängt, müsste der Bewohner seine Grenzen überschreiten, um dem gerecht zu werden. Der Gruppenleiter erwartet z.B., dass der Bewohner mit seiner Freundin ins Bett geht, weil seine Beziehung schon länger als ein Jahr dauert. Unter dem Druck der Erwartung des Gruppenleiters könnte der Bewohner sich gedrängt fühlen, selbst wenn er gar nicht das Bedürfnis dazu hätte. Ebenso gut kann es umgekehrt geschehen: Bewohner gehen im sexuellen (Er)Leben nicht so weit, wie sie wollen. Damit werden sie in ihrem sexuellen Erleben frustriert.

Das Thema Sexualität ist in Teams nicht leicht zu besprechen. Die Werte und Normen selbst der Kollegen liegen oft weit auseinander. Dadurch sind die Bewohner stark abhängig von der individuellen Meinung des jeweiligen Gruppenleiters.

Im täglichen Umgang mit Bewohnern können sich leicht Vorgaben durch Gruppenleiter einschleichen, etwa bei den Mahlzeiten. Hier einige Beispiele dafür:

- Der Gruppenleiter stellt das Essen auf den Tisch und teilt das Fleisch aus;
- der Gruppenleiter fragt »Wollen wir anfangen?«;
- der Gruppenleiter korrigiert die Essgewohnheiten der Bewohner;
- der Gruppenleiter fordert von den Bewohnern zu essen, was auf den Tisch kommt;
- der Gruppenleiter beendet die Mahlzeit.

In den verschiedensten Situationen kann die Gruppenleitung Normen bestimmen. Damit gibt sie vor, wie in solchen Situationen gehandelt wird. Indem Sie sich solcher Handlungen bewusst werden, können Sie verhindern, dass Sie den alltäglichen Gang der Dinge gänzlich für die Bewohner vorgeben. Dadurch geben Sie ihnen auch Raum, ihr Leben auf ihre eigene Weise auszufüllen.

Mitunter ist es schwierig, Vorgaben für Bewohner zu vermeiden, und Sie müssen sie sogar aufstellen, um sie begleiten zu können. Ein Bewohner, der es sehr schwer hat, kann oft nicht klarmachen, was mit ihm los ist. Dann ist es nötig, ihm eine Vorgabe anzubieten. Sie müssen sich aber immer dessen bewusst sein, dass es *Ihr* Gedanke war und dass der Bewohner es doch möglicherweise anders meinte.

Wenn wir wissen wollen, was ein Bewohner selbst möchte, gibt es verschiedene Wege dorthin zu kommen:

- indem wir einfach den Bewohner fragen. Dann müssen wir darauf achten, die Frage nicht suggestiv zu stellen; z.B. »Ich finde, dass diese Hose dir gut steht, wie findest du sie?« oder »Wie findest du diese schöne Hose?«;
- indem wir den Bewohner genau anschauen, genau zuhören und beobachten;
- indem wir im Team miteinander reden.

Sehr oft heißt es: »Dieser Bewohner hat ein so niedriges Niveau, er kann keine Wahl treffen.« In de Blokhorst gab es Bewohner, die zum Zeitpunkt ihrer Aufnahme tatsächlich nicht auswählen konnten. Das haben auch Bewohner mit einem niedrigen intellektuellen Niveau im Laufe der Zeit gelernt. Sie konnten das »Wählen« lernen, weil es immer Raum und Aufmerksamkeit für ihre eigene Meinung und ihren eigenen Willen gab. Das Team ging immer sehr bewusst mit Vorgaben für einen Bewohner um. Nach de Blokhorst kamen Menschen mit geistiger Behinderung, die zwar sprechen konnten, aber nicht sagen, was sie wollten. Indem wir sie lehrten, eine eigene Meinung zu haben und zu äußern (auf welche Weise auch immer) und sie nicht mit feststehenden Normen konfrontierten, ist ein großer Teil der Bewohner nun in der Lage, selbstständig zu wohnen.

5.8 Mitbestimmung der Bewohner

Wir wollen Menschen mit geistiger Behinderung ernst nehmen, wir möchten sie mündig werden lassen, und wir wollen unsere Macht nicht missbrauchen. Das impliziert, dass Bewohner bei Beschlüssen über Handel und Wandel der Wohnstätte ebenfalls mitbestimmen können. Auf individueller Ebene werden sie bereits stark berücksichtigt, aber auch als Gruppe müssen sie die Möglichkeit haben, mitzureden.

Um Mitsprache zu regeln, bedarf es eines Verfahrens. Eine Möglichkeit dafür ist das Abhalten von Bewohnerversammlungen. Aber durch die Organisation von Bewohnerversammlungen allein kommt keine Mitsprache zu Stande. Es ist nötig, den Bewohnern beizubringen, wie sie über ihre Versammlungen Mitsprache bewerkstelligen. Zum Beispiel durch Training, individuelle Vorbereitung und indem ihnen Probleme dargelegt werden und nichts ohne ihr Mitwissen entschieden wird. Die Mitsprache, Wünsche und Kritik, die in einer Bewohnerversammlung geäußert werden, müssen vom Team ernst genommen werden.

Beispiel:
Wegen des Abwaschs ergaben sich in unserer Wohnstätte immer wieder Konflikte zwischen den Bewohnern (viele Bewohner hatten andere Aktivitäten vor und fanden abwaschen nicht so toll). Indem sie miteinander darüber sprachen, kamen die Bewohner auf die Idee, dass eine Spülmaschine Probleme lösen könnte.
So kam das Thema Spülmaschine auf die Tagesordnung des Teams. Das Team sprach vom Abwaschen als sozialem Geschehen und vom Wegfallen eines Teils selbstständiger Alltagsbewältigung. Das Team beschloss, sich nicht für die Anschaffung einer Spülmaschine einzusetzen. Daraufhin beschlossen die Bewohner, die Anschaffung der Maschine selbst zu übernehmen.

Es ist sehr wichtig auf Bewohnerversammlungen fair miteinander umzugehen, denn das Team kann dort auch Einfluss auf die Bewohner ausüben. Die Bewohnerversammlung muss immer eine Versammlung der Bewohner sein. Sie hat entschieden nicht den Zweck, den Bewohnern z.B. Teambeschlüsse und Hausregeln bekannt zu machen. Unseres Erachtens ist es fundamental inkorrekt, Bewohner in einer Bewohnerversammlung zu manipulieren.

Es gibt verschiedene Wege, eine Bewohnerversammlung ernst zu nehmen. Das geht zum Beispiel durch Unterstützung der Bewohner bei der Tagungsleitung. Protokolle müssen von Bewohnern gemacht werden. Ein Gruppenleiter kann bei den Protokollen helfen, Erklärungen geben und tippen. Wichtig ist vor allem, dass der Protokollant den Inhalt der Protokolle bestimmt.

Das Team muss die Protokolle der Bewohnerversammlung auch auf die Tagesordnung seiner Treffen setzen und Sorge dafür tragen, dass ernsthaft damit umgegangen wird.

Es gibt noch mehr Möglichkeiten in der Wohnstätte, bei denen Bewohner Mitsprache haben können, z.b. in Programmausschüssen, Festausschüssen und Bewerbungsausschüssen. Beteiligung von Bewohnern in solchen Ausschüssen erfordert gute Vorbereitung.

Nehmen wir ein Bewerbungsverfahren als Beispiel. Sollen Bewohner sich in einem Bewerbungsausschuss beteiligen, können Sie folgende Dinge beachten:

Bewerbungsausschüsse kommen vorzugsweise abends zusammen, damit die Abgeordneten der Bewohner teilnehmen können, ohne bei ihrer Arbeitsstelle freinehmen zu müssen. Bevor ein Bewerbungsgespräch stattfindet, stellen die Ausschussmitglieder ihre Fragen zusammen. Auch die Bewohner tun das. Eventuell werden sie hierbei von der Gruppenleitung unterstützt. Wenn die Gespräche stattfinden, wird besonders auf den Sprachgebrauch geachtet. Fragen müssen einfach und eindeutig sein, damit jedes Mitglied sie verstehen kann. Von den Bewerbern wird selbstverständlich dasselbe erwartet. Den Bewohnern muss Raum gelassen werden, selbst Fragen zu stellen. Es ist wichtig, die Meinung der Bewohner sehr ernst zu nehmen, wenn der Beschluss über die Anstellung eines neuen Mitglieds für das Personal getroffen wird. Damit bewirken wir, dass ihre Stimme zählt. Um zu prüfen, ob Bewohner tatsächlich im Bewerbungsausschuss ernst genommen werden, können Sie untersuchen, ob sie in allen Teilen des Verfahrens einbezogen sind. Im folgenden nennen wir eine Reihe von Schritten des Verfahrens:

- Zusammenstellen des Bewerbungsausschusses: Mindestens zwei Bewohner müssen im Bewerbungsausschuss sein. Zu zweit können sie einander besser unterstützen, und zusammen haben sie größeren Einfluss.

(zu Subjekti)

- Stellenprofil/Stellenausschreibung: Die Bewohner müssen gefragt werden, was sie an einem neuen Mitarbeiter wichtig finden.
- Briefauswahl: Bewohner in die Auswahl einbeziehen, indem sie beispielsweise die eingegangenen Briefe sammeln und nummerieren.
- Gespräche: Gemeinsam mit Bewohnern die Gespräche vorbereiten und sie fragen, was sie wichtig finden und was sie fragen wollen. Wenn es Bewohnern schwer fällt, Fragen zu stellen, können Sie ihnen durch Übungen mittels Rollenspiel helfen. Während der Gespräche muss darauf geachtet werden, ob die Bewohner dem, was gesagt wird, folgen können. Die nichtbehinderten Mitglieder des Ausschusses müssen darauf achten, dass sie den Bewohnern ausreichend Raum geben, Fragen zu stellen. Die Stimme der Bewohner muss bei der Beurteilung der Kandidaten mitzählen.
- Hospitation in der Gruppe: Eine wichtige Rolle können Bewohner spielen, wenn die Bewerber einen Abend in der Gruppe mitgearbeitet haben. Dann können sie sehen, wie es mit dem Bewerber funktioniert. Außerdem können sie ihre Mitbewohner fragen, wie die über den Bewerber denken, und dies in den Bewerbungsausschuss einbringen.
- Beschluss fassen: Bei der Entscheidung sind die Bewohner anwesend. Ihre Stimme zählt ebenso wie die der Leitung, des Direktors, des Gruppenleiters oder eines Vorstandsmitglieds.
- Bekanntmachung des Wahlausgangs: Die Bewohner, die im Bewerbungsausschuss mitgearbeitet haben, können den Beschluss ihren Mitbewohnern mitteilen.

Ebenso wie in diesem Beispiel des Bewerbungsausschusses können Bewohner in anderen Ausschüssen eine Rolle spielen. Wir denken, dass die Förderung von Mitsprache anhand gut geregelter Verfahren die Mündigkeit und den Selbstwert von Bewohnern stark stimuliert. Es ist einfach, Bewohner mit einer geistigen Behinderung, die ja in einer abhängigen Position leben, gefügig zu machen. Es ist schwierig, mit der Meinung von Bewohnern einwandfrei umzugehen, und es ist noch schwieriger, Menschen mit geistiger Behinderung den Raum zu lassen, Einfluss auszuüben.

5.9 Teamarbeit

Wenn ein Team sich entschließt, miteinander im Sinne von Gleichberechtigung und gemeinsamer Verantwortung umzugehen, sind wöchentliche Teamberatungen unverzichtbar. Jedes Teammitglied, also auch hauswirtschaftliche Mitarbeiter, Praktikanten und der Koch, nimmt an den Beratungen teil. Wir halten es für wichtig, dass alle Teammitglieder gut informiert sind. Beschlüsse müssen vom gesamten Team getragen werden. Der wichtigste Grund für häufige Teamberatung ist die Tatsache, dass das Team das Zentrum ist, in dem alles zusammenläuft. Folglich entsteht dort große Verbundenheit, und jede nützliche Information kommt an die richtige Stelle. Man teilt organisatorische Probleme oder Probleme im Umgang mit Bewohnern, man kann einander Ratschläge geben und einander beistehen.

Alltagsbegleiter und Prozessbegleiter müssen sich unbedingt miteinander beraten. Das ist gut möglich, wenn sie sich wöchentlich sehen, auch während einer Teamversammlung.

Einmal in sechs Wochen wird über jeden einzelnen Bewohner gesprochen. Es ist uns wichtig, oft bei einem Bewohner zu verweilen. Die Erfahrung hat gelehrt, dass Betreuungsabsprachen sich schnell abnutzen, sodass regelmäßige Anpassung wünschenswert ist. Der Prozessbegleiter des Bewohners, über den gesprochen wird, informiert mit einem kurzen Bericht über den Stand der Dinge. Der Alltagsbegleiter und andere Teammitglieder ergänzen diesen. Wir haben festgestellt, dass diese Art der Arbeit effizient ist. Im allgemeinen kommen wir schnell zum Kern der Sache, und die Betreuung wird nach allen Seiten hin abgestimmt.

Wir finden es wichtig, regelmäßig genau zu betrachten, wie wir miteinander umgehen, einander Feed-back zu geben, einander klar zu machen, wie es sich mit unserer Arbeit verhält. Um das zu realisieren, wird jeden Monat ein Teamabend organisiert. Diese Teamabende werden auch genutzt, um Einzelthemen auszuarbeiten, z.B. den Umgang mit Sexualität, Gesprächstechniken, Förderung der Selbstständigkeit von Bewohnern, Elternbeteiligung usw.

Die Atmosphäre und die Offenheit in einem Team bestimmen oft das Geschehen. Bewohner reagieren darauf sehr sensibel. Hat das Team eine demokratische Struktur, beeinflusst das die Gruppe. Auch die Bewohner werden dann gleichberechtigt miteinander umgehen.

5.10 Gleichberechtigung in der Gruppe

Über Gleichberechtigung zwischen Gruppenleitern und Bewohnern und über Gleichberechtigung zwischen Teammitgliedern untereinander wurde bereits gesprochen, aber noch nicht über Gleichberechtigung zwischen Bewohnern. Die Art, wie Bewohner miteinander umgehen, ist ein Punkt, dem wir besondere Aufmerksamkeit widmen wollen. Oft sehen Bewohner einander nicht als gleichberechtigt an. Manche Bewohner finden, dass sie einen höheren Status haben als andere, z.B., weil sie in der Werkstätte arbeiten, während die anderen die Tagesstätte für Ältere besuchen. Sie bestimmen deswegen vieles in der Gruppe, z.B., welcher Sender im Fernsehen eingestellt wird, wer zu Festen eingeladen wird, andere Bewohner werden herumkommandiert usw. Es gibt verschiedene Ansätze, wie wir arbeiten können, um in einer Gruppe mehr Gleichberechtigung zu schaffen:

● Bewohner zum Nachdenken anleiten;
● sie lehren, ihre Unzufriedenheit zu äußern;
● sie lehren, einander zuzuhören;
● Konflikte zwischen Bewohnern nicht selbst lösen, sondern von den Bewohnern lösen lassen, falls nötig mit Unterstützung der Gruppenleitung.

Mit jemandem etwas absprechen ist eine Fähigkeit, die viele Bewohner in einer Wohnstätte nicht gelernt haben. Sie sind gewohnt, zu tun, was ihnen in den Sinn kommt, ohne Rücksicht auf die anderen zu nehmen, oder sie lassen alles geschehen, ohne dabei mitzubestimmen, weil sie sich daran gewöhnt haben, dass andere bestimmen. Zwischen diesen Extremen gibt es natürlich noch viele Variationen zu bedenken. Wir wollen erreichen, dass Bewohner lernen, sich miteinander abzusprechen. Diesen Prozess zwingen wir ihnen nicht auf, sondern wir versuchen, ihnen durch Situationen, die sich ergeben, beizubringen, wie sie das tun können.

Beispiel:
Thies schaut sich in aller Ruhe seine Lieblingsquizsendung im Fernsehen an. Er ist sichtlich davon begeistert. Renate kommt herein, lässt sich aufs Sofa plumpsen, nimmt die Fernbedienung und beginnt, alle Sender nach einem Programm, das sie interessiert, durchzusuchen. Man kann Thies ansehen, dass er sehr enttäuscht ist, aber er sagt und tut nichts. Die Gruppenleiterin, die dies bemerkt hat, setzt sich neben Thies und sagt: »Ich sehe, dass du enttäuscht bist.« Darauf antwortet Thies, dass er lieber sein Quiz sehen möchte. Die Gruppenleiterin fragt, ob er das nicht Renate sagen will. Das fällt Thies schwer, aber er fühlt sich unterstützt, und er sagt Renate, dass er seine Sendung sehen will. Renate gibt Thies die Fernbedienung und zieht beleidigt ab.
Zu einem späteren Zeitpunkt wird diese Situation mit Renate zur Sprache gebracht. Mithilfe eines Rollenspiels wird geübt, wie sie Thies hätte fragen können, ob sie nicht eben nachsehen dürfte, was die anderen Sender bringen.

In einer Gruppe zu leben, wie es alle Bewohner in einer Wohnstätte tun, erfordert, dass man in der Lage ist, sich mit anderen abzusprechen. In vielen Momenten und in vielen Situationen muss ein Bewohner seine Mitbewohner etwas fragen oder ihnen sagen. Es handelt sich also um eine soziale Fähigkeit, der innerhalb der Arbeit in der Gruppe viel Aufmerksamkeit gewidmet werden muss.

Lernen zu äußern, was einen stört und was man fühlt, ist auch eine Fähigkeit, die Bewohnern gelehrt werden muss, damit sie gleichberechtigt miteinander umgehen können. In Wohngruppen ist die Chance groß, dass untereinander Irritationen entstehen. Die meisten finden es sehr schwierig zu lernen, sich so zu äußern, dass andere verstehen, wenn sie etwas stört. Dies sollte so geschehen, daß der Konflikt ausgehandelt werden kann.

Bewohner haben durchaus Möglichkeiten zu zeigen, dass sie etwas stört, u.a. weinen, nichts sagen, ins eigene Zimmer gehen, schimpfen, schlagen, eklig sein, nörgeln usw. Es gibt auch Bewohner, die sich äußern können, indem sie einfach darüber sprechen. Diese Fähigkeit versuchen wir, auf andere Bewohner zu übertragen. Das geschieht meistens innerhalb der Prozessbegleitung, und zwar durch Übungen, durch kleine Aufträge usw. In der Gruppe wird das normale Miteinander-Sprechen unterstützt. Wenn auf solche Weise mit einer Gruppe umgegangen wird, lernen Bewohner auch voneinander, sich abzusprechen oder über Irritationen zu reden.

Beispiele:
Wenn Nicole etwas störte, fing sie in der Gruppe leise zu weinen an. Sowohl die Gruppenleitung als auch die Mitarbeiter trösteten sie. Sie hörte dann wieder auf zu weinen. Man kam aber nicht dahinter, was der Grund für ihr Weinen war, so sehr man auch danach fragte. So wurde abgesprochen, sie nicht mehr danach zu fragen, sondern ihr beizubringen, wie sie etwas sagen könnte. Das übernahm der Prozessbegleiter, anfangs in ganz kleinen Schritten. Etwas zu sagen wie »Ich möchte keinen Kaffee«, war anfangs schwierig. Später konnte sie sagen, »Ich finde es unangenehm, wenn ihr Streit anfangt.« Nicole hat dadurch viel gelernt, und nun kann sie zu anderen Bewohnern sagen: »Darüber musst du sprechen.«
Während der Arbeit hat ein Kollege zu Erich gesagt, dass er eine bestimmte Sache nicht tun dürfe, weil er debil sei. Er wohne in einer Wohnstätte, und wenn man da wohne, dann könne man das nicht. In solchen Situationen wurde Erich normalerweise ziemlich aggressiv. Inzwischen ist intensiv mit Erich gearbeitet worden, um mit ihm eine andere Möglichkeit zu finden, wie er sich äußern kann. In dieser Situation konnte Erich zum ersten Mal sagen, dass er ganz böse wird, wenn ihn jemand debil nennt, und dass sein Kollege sich mal eine Wohnstätte ansehen muss, wenn er denkt, dass sie da nichts können.

Die Betreuung beim Lernen, sich zu äußern, geschieht sowohl individuell als auch gruppenbezogen. Manchmal ist es nötig, für Bewohner erst Ruhe zu schaffen, ehe sie sagen können, was los ist. Gelegentlich muss der Bewohner das zuerst einem Gruppenleiter sagen und erst danach den Mitbewohnern.

Wenn sich zwischen Bewohnern etwas abspielt, kann es sinnvoll sein, dass sie mit Unterstützung der Gruppenleitung miteinander sprechen. Die Erfahrung lehrt, dass dies anfangs sehr häufig notwendig ist. Somit lernen Bewohner schneller, ihre Probleme miteinander selbstständig zu lösen.

Das einander Zuhören in der Gruppe zu lernen, ist ein Punkt, dem viel Aufmerksamkeit gewidmet werden muss. Viele Bewohner haben die Neigung, mit der Gruppenleitung zu sprechen, aber nicht miteinander. Wenn ein Bewohner etwas erzählt, hören die anderen Bewohner oft überhaupt nicht zu. Jeder Bewohner versucht, seine eigene Geschichte zu erzählen. Zuhören zu lernen bedeutet für die Bewohner in einer Gruppe, dass sie auch dem zuhören, was ihre Mitbewohner zu sagen haben. Wenn Sie Bewohner lehren wollen, gleichberechtigt miteinander umzugehen, dann ist es notwendig, dass Sie diesem Zuhören Ihre Aufmerksamkeit widmen. Zuhören lernen können Sie während der Arbeit in der Gruppe initiieren, indem Sie andere Bewohner einladen, gemeinsam zuzuhören, was jemand erzählt. Sie können auch Bewohner darauf aufmerksam machen, dass jemand etwas sagen will, damit sorgen Sie dafür, dass einem Bewohner zugehört wird. Manchmal wird es nötig sein, dass Sie jemandem helfen, indem Sie »übersetzen«, was er sagt, sodass andere Bewohner ihn verstehen können.

Die Meisten, die in die Wohnstätte einziehen, können noch überhaupt nicht zuhören. Zuhören wird folglich ein Schwerpunkt der Prozessbegleitung sein. Zum Beispiel kann das Zuhören bei Gesprächen durch erzählen und nacherzählenlassen geübt werden. Ab und an wird bei uns von den so genannten Goldstein-Übungen Gebrauch gemacht. Darin wird per Video vorgeführt, wie man zuhören muss. Mithilfe von Rollenspiel und Aufträgen wird die Fähigkeit angeeignet. Diese Methode wurde speziell für nicht so begabte Menschen von v.d. Zee und v.d. Molen entwickelt.[5]

Einen Konflikt zwischen Bewohnern kann man auflösen, indem man die Bewohner trennt und als Gruppenleiter sagt, was geschehen muss, was die Bewohner tun müssen und wer Recht hat. Das wäre eine Lösung, bei der Bewohner wenig lernen, außer, dass sie

5   Zee, S.A.M v.d. en H.T. v.d. Molen: *Sociale redzaamheid van zwakbegaafden.*

sich nicht streiten dürfen. Sie bleiben von der Gruppenleitung abhängig, weil die Gruppenleiter diejenigen sind, die einen Streit auflösen können.

Eine andere Möglichkeit wäre es, den Streit von den Bewohnern selbst lösen zu lassen. Aufgabe der Gruppenleitung ist es dabei, den Prozess der Streitenden zu überwachen, z.B., indem sie dafür sorgen, dass sie einander verstehen, dass sie einander zuhören, mitunter auch, in dem sie ihre Wörter und Gesten übersetzen, manchmal etwas erklären und Verständnis schaffen oder einen Auftrag erteilen.

Für eine Reihe von Dingen in der Wohnstätte ist die Gruppe der Bewohner verantwortlich, z.B., dass der Abwasch gemacht wird, dass die Kartoffeln geschält werden usw. Wenn ein neuer Bewohner einzieht, muss er mit den anderen absprechen, welche Aufgaben er übernimmt (selbstverständlich wird hierbei Unterstützung gegeben). Manchmal geschieht es, dass ein Bewohner sich später dieser Aufgabe entzieht und sich weigert, sie auszuführen.

Beispiel:
Die Bewohnerin Connie hat gemeinsam mit der Bewohnerin Anja die Aufgabe, jeden Tag die Tische zu decken. Nachdem Anja zweimal allein die Tische decken musste, versuchte sie Connie zu sagen, dass sie das satt hätte. Connie fing an, auf Anja zu schimpfen, und lief dann weg. Anja, die nicht wusste, was sie nun tun sollte, fragte Gruppenleiterin Annemarie, ihr zu helfen.
Anja und Annemarie gingen zu Connies Zimmer. Annemarie fragte Connie, ob sie Anja zuhören wollte. Das wollte Connie schon, und Anja erzählte noch einmal, dass sie die Tische nicht alleine decken wollte. Annemarie fragte Connie, wie es kommt, dass sie in ihr Zimmer geht, wenn sie die Tische decken soll. Nach einigem hin und her kam heraus, dass Connie Tischdecken verabscheute und lieber eine andere Aufgabe übernehmen wollte. Als sie in die Wohnstätte eingezogen war, konnte sie nur schwer eine Wahl treffen, aber nun wusste sie besser, was ihr gefiel und was nicht.

Wenn Situationen in der Gruppe nicht mehr reibungslos aufzufangen sind, können Sie immer ein Gespräch anregen, wie es oben im

Beispiel von Connie beschrieben wurde. Wir haben im Laufe der Jahre bemerkt, dass Bewohner mit der Zeit darin sehr geschickt werden (eine wichtige Befähigung, um selbstständig zu wohnen). Manchmal ist es notwendig, bei nicht gleichberechtigtem Umgehen unter Gruppenmitgliedern auf die Prozessbegleitung zurückzugreifen. Wir haben es regelmäßig erlebt, dass Bewohner, die sich oft von Gruppenmitgliedern hatten unterbuttern lassen, in der Prozessbegleitung ausreichend Unterstützung erhielten und Fähigkeiten erwarben, um besser für sich selbst einzutreten.

6. Prozessbegleitung in der Praxis

6.1 Einleitung

In diesem Kapitel besprechen wir drei willkürlich herausgegriffene Prozessbegleitungsgespräche. In diesen drei Fällen kommen Situationen zur Sprache, die immer wieder auftreten können. Andererseits geben Sie ein verzerrtes Bild, weil die meisten Gespräche normalerweise viel entspannter und von lockerer Art sind. Des Lerneffekts wegen haben wir uns aber hierfür entschieden, um vor allem Probleme, die sich ergeben können, zu besprechen.

Angesichts der Tatsache, dass Prozessbegleitung fortlaufend stattfindet, bilden die Fallbeispiele kein abgerundetes Ganzes, sondern nur Momentaufnahmen. In dem Moment, in dem Bewohner bestimmte Lernziele erreicht haben, entstehen auch wieder neue Aufgaben.

Im ersten Fall verfolgen wir einige Monate den Weg eines Bewohners ab dem Zeitpunkt, zu dem er in der Wohnstätte aufgenommen wurde. Gleichzeitig wird näher auf die Ausrichtung der Prozessbegleitung eingegangen und auf das Entwerfen von Zielen und Aufgaben.

Der zweite Fall berichtet von einer Frau, die inzwischen selbstständig wohnt. Sie hatte schon drei Jahre in der Wohnstätte gewohnt, ehe wir die Prozessbegleitung begannen. Wir besprechen eine Problemsituation, die häufig vorkommt, und wie sie lernt, damit umzugehen.

Im dritten Fall geht es um einen Bewohner mit geringem sprachlichem Vermögen. Diesen Fall besprechen wir, weil wir davon überzeugt sind, dass Prozessbegleitung nicht nur bei Menschen, die sprachlich gut entwickelt sind, angewendet werden kann. Auch Menschen mit einer eigenen, schwer erreichbaren Erlebniswelt ziehen großen Nutzen aus dieser gezielten Methode.

Die Fallbeispiele werden unter zwei Gesichtspunkten beschrieben:

● Die Wiedergabe des Ablaufs einer Reihe von Gesprächen.
● Die Beweggründe der Prozessbegleiter, einen bestimmten Kurs zu verfolgen.

6.2   Fallbeispiel 1

Ein Bewohner wird neu aufgenommen. In den ersten zwei Monaten kann der Bewohner im großen und ganzen seiner eigenen Wege gehen. Er bestimmt selbst seine Art zu leben. Er wird ernst genommen, übernimmt eigene Verantwortlichkeiten und wird darauf niemals im negativen Sinne angesprochen.

Während dieser zwei Monate werden die Eltern bzw. die Familie besucht, um ihre Vorstellungen bezüglich ihres Kindes zu besprechen. Dabei stehen die Beziehungen untereinander im Mittelpunkt.

Das Ziel der Prozessbegleitung

Kontaktaufnehmen, die Persönlichkeit des Bewohners kennen lernen und ihn ernst nehmen. So muss er von Anfang an nicht gegen seine Umgebung ankämpfen.

Oft erhalten wir bei der Aufnahme eines Bewohners durch Berichte verschiedenste Informationen über das, was wir im Verhalten beachten müssen und was er alles nicht darf oder nicht kann. Wir wissen also, was er noch lernen muss. Das kann man aber auch umkehren: Davon ausgehen, dass er »alles« kann, sodass er die Einsicht erhält, wie er sich selbst sieht und was er noch lernen will. Für die Entwicklung eines Bewohners ist nämlich sein Vertrauen in sich selbst und in das Team notwendig. Somit bleibt der Bewohner auch glaubwürdig.

Arnold

Arnold ist 22 Jahre alt und hat immer zu Hause gewohnt. Er stand schon einige Jahre auf der Warteliste für eine Wohnstätte. Arnold ist sehr motiviert, in einer Wohnstätte zu wohnen, weil zu Hause regelmäßig heftige Spannungen anwuchsen. Besonders der Kontakt zu seiner jüngeren Schwester war schlecht.

Um doch Aufmerksamkeit zu erhalten, hatte Arnold eine starke Fantasie entwickelt. Er war in seinem Umfeld bekannt als ein Junge, dem man nicht glauben durfte, was er erzählt. Das war eine ständige Quelle des Streits zwischen Arnold und seinem Umfeld, wobei es jedes Mal darum ging, was wahr ist und was nicht.

Zu Hause war Arnold schwer zu motivieren. Er lag lange im Bett und weigerte sich, Hausarbeit zu machen. Sein Praktikum wurde ein Misserfolg.

Beim Vorgespräch ließ Arnold erkennen, dass er gern in eine Wohnstätte kommen wollte. Als Arnold in die Wohnstätte kam, bekam er einen Alltagsbegleiter zugewiesen. Dieser fragte Arnold, welche Vorstellungen er über das Wohnen in der Wohnstätte hätte, wobei er Hilfe bräuchte und was er selbst könne. Arnold hatte darüber klare Vorstellungen.

Er sah das Wohnen in der Wohnstätte als eine Form selbstständiger zu wohnen an: »Ich werde in meinem Zimmer wohnen und will mehr Freiheiten.« Unter Freiheiten verstand Arnold: Selbst zu wissen, wann er ins Bett geht, und ein eigenes Bankkonto haben.

Der Alltagsbegleiter hatte Verständnis für Arnolds Wünsche und würde sie dem Team übermitteln.

Während der zwei Monate wurde die Gruppenleitung ziemlich auf die Probe gestellt, was die Schlafenszeiten anbelangte. War Arnold auch noch so müde, er ging als Letzter zu Bett. Wenn die Gruppenleitung ihn darauf ansprach, war die Antwort: »Das kann ich selbst entscheiden.«

Es zeigte sich auch, dass Arnold regelmäßig Dinge erzählte, die nicht wahr zu sein schienen, womit er die Gruppenleitung in Verlegenheit brachte. Zum Beispiel: »Meine Schwester liegt im Krankenhaus, weil sie einen Unfall gehabt hat.« Ihr war aber gar nichts passiert. Andere Probleme, die auffielen, waren, dass Arnold körperlich schlecht gepflegt war und dass er zu viel aß. Auch mochte er gern ein Gläschen Bier trinken, was er zu Hause selten gedurft hatte.

Nach ungefähr zwei Wochen bekam Arnold ein eigenes Bankkonto. Der Alltagsbegleiter überlegte mit ihm, wie viel Taschengeld er pro Woche bekommen sollte. Arnold hatte zu Hause 25,– Gulden pro Woche bekommen und wollte in der Wohnstätte mehr. Er wählte selbst einen Betrag von 100,– Gulden pro Woche. Als der Alltagsbegleiter ihm klarmachte, dass dies nicht möglich war – Arnold bekam nämlich Sozialhilfeleistungen in Höhe von etwa 300,– Gulden monatlich – zeigte sich, dass Arnold keine Vorstellung vom Wert des Geldes hatte. »Dann eben 50,– Gulden«, war seine Reaktion.

Am Ende dieser ersten zwei Monate wurden alle Erfahrungen und Vorstellungen im Team besprochen und Lernziele aufgestellt. Von großer Bedeutung beim Formulieren dieser Lernziele sind die intensiven Beobachtungen aus verschiedenen Blickwinkeln (Pädagoge, Logopäde, Gruppenleiter, hauswirtschaftliche Mitarbeiter, Koch) und aus Gesprächen mit der vorherigen Wohnumgebung.

Es wurde eine Trennung in praktische Lernziele, die der Alltagsbegleiter, und in prozessuale Lernziele, die der Prozessbegleiter verfolgen würde, festgelegt. In Kapitel 7 widmen wir uns den praktischen Fähigkeiten.

Zu dieser Zeit wurde zugleich ein Prozessbegleiter eingesetzt. Bestimmend für dessen Wahl sind seine Qualitäten und die Lernbedürfnisse des Bewohners. Mitbestimmend ist auch, ob die Wahl auf einen Mann oder eine Frau trifft.

Nach diesen zwei Monaten wurde die Beziehung zwischen dem Bewohner und seinem Alltagsbegleiter ausgewertet. Es kommt gelegentlich vor, dass die gewählte Kombination nicht die richtige ist. In aller Regel kann man sich darüber nach zwei Monaten gut ein Bild machen.

In Bezug auf das Aufstellen von Lernzielen gilt folgendes: Im Team werden Lernziele für ein Jahr besprochen und aufgestellt. Eventuell sucht man dabei auch nach Fachkundigen von außerhalb. Danach werden die Lernziele für den Bewohner in kleinere und übersichtliche Schritte unterteilt, damit er seinen Lernprozess verfolgen kann. Alle sechs Wochen berichten der Alltagsbegleiter und der Prozessbegleiter im Team, damit jeder über die Entwicklungen informiert ist. Gegebenenfalls werden die Zielstellungen dann angepasst.

Aufbau eines Gesprächs

Eine Prozessbegleitung ist in drei Phasen aufgebaut:

Phase 1

Es ist wichtig, ein klares Bild vom anstehenden Problem bzw. Lernbedürfnis zu bekommen. Besonders das Zuhören, sowohl verbal als auch nonverbal, Aufmerksamkeit und Empathie (das Sich-Einfühlen in den Bewohner) nehmen dabei einen wichtigen Platz ein. In dieser Phase müssen Zielstellungen oft angepasst werden. Sie müssen nämlich so klein wie möglich gehalten werden, damit der Bewohner die Übersicht behält.

Phase 2

Der Bewohner bekommt Einsicht in sein Handeln. Es ist wichtig, dass der Bewohner die Übersicht behält und sich nicht zu große Schritte vornimmt. In dieser Phase wird gemeinsam mit dem Bewohner untersucht, was er im Hinblick auf sein Problem will oder kann. Um das herauszufinden, ist es wichtig, dass es bei einem einzigen Problem bleibt, und dass dies erst abgeschlossen wird. Auch hier sollen die Zielsetzungen so klein wie möglich gehalten werden, weil der Bewohner in dieser Phase leicht dazu neigt, überstürzt zu handeln.

Phase 3

In dieser Phase werden Absprachen darüber gemacht, was ein Bewohner unternehmen wird, um das Problem zu lösen. Auch jetzt muss der Bewohner die Übersicht behalten können. Hat er seine Absprachen eingehalten und wie ist es gegangen? Rollenspiel kann ein hervorragendes Hilfsmittel sein. Alle Entwicklungen, wie klein auch immer, werden im Team besprochen. Auch ist ein guter Austausch mit dem Alltagsbegleiter wichtig. Das Problem muss allerdings ein Problem des Bewohners bleiben.

Der phasenweise Aufbau der Prozessbegleitung bietet eine Reihe klarer Vorteile: Ein Prozessbegleiter kann dank dieser Richtlinien leichter den roten Faden eines Prozesses halten. Es gehören regelmäßige Zwischenauswertungen dazu. Es wird genau dann nach Lösungen gesucht, wenn ein Problem bei einem Bewohner deutlich wird.

Zurück zu Arnold. In seinem Fall wurde der Alltagsbegleiter nicht ausgetauscht. Das Team stellte folgende Zielsetzungen auf.

Zielsetzung für den Prozessbegleiter

- Arnold mit dem Begriff Prozessbegleiter vertraut machen;
- seine Fantasien ernst nehmen;
- klären, in wie weit sein übermäßiges Essen und der Alkoholgebrauch mit innerem Unfrieden zu tun haben.

Zielsetzung für Arnold

- Was ist ein Prozessbegleiter?
- Was gefällt mir an der Wohnstätte?
- Womit habe ich Schwierigkeiten?

Das erste Gespräch

Im ersten Gespräch zeigt sich, dass Arnold nicht viel davon versteht, was das Ziel der Prozessbegleitung sein soll. Er fängt sofort an, über einen Konflikt zu sprechen, den er mit einem Gruppenleiter bei Tisch über seine Essmanieren hatte, und dass dieser sich darum nicht zu kümmern hätte. Der Prozessbegleiter blieb bei seinem Thema, indem er Arnold sagte, dass er zuerst über das Ziel der Gespräche reden wollte, bevor einzelne Probleme drankämen. Arnold verstand nicht, was der Prozessbegleiter damit meinte, und antwortete: »Was ist das, das Ziel von einem Gespräch?« Der Prozessbegleiter erklärt die Bedeutung, und um zu verhindern, dass sie einander nicht verstehen, bittet er Arnold, das zu wiederholen.

»Ich werde also einmal die Woche eine halbe Stunde mit dir reden, und ich kann selbst entscheiden worüber.« »Stimmt«, sagt der Prozessbegleiter. Das hört sich gut an, findet Arnold. Der Prozessbegleiter schlägt vor, die Themen zu benennen, über die beim ersten Mal gesprochen werden soll.

Arnold will sehr gern über den Konflikt bei Tisch reden, weil er das sehr übel genommen hat. Weil Arnold kein weiteres Thema einbringt, sagt der Prozessbegleiter, dass er es gut fände, wenn Arnold auch etwas Schönes zur Sprache bringt. Damit ist Arnold einverstanden. Sie stellen eine Tagesordnung für das Gespräch auf.

Aus dem Vorangegangenen wird deutlich, wie wichtig der Beginn eines Gesprächs ist. Übersicht und Klarheit sind wertvolle Faktoren für den guten Verlauf eines Gesprächs. Übersicht erlangen Sie, indem Sie eine Tagesordnung aufstellen, denn dann können Sie gezielt jedes Thema ansprechen. Unter Klarheit ist hier gemeint: Prüfen Sie fortlaufend, ob der Bewohner Sie versteht. In diesem Beispiel sagte Arnold von allein, dass er das Wort »Ziel« nicht verstand. Somit konnte der Prozessbegleiter eine nähere Erklärung geben, sodass Arnold dem Gespräch weiter folgen konnte.

Regelmäßig passiert es uns, dass ein Bewohner eine Haltung annimmt, durch die es aussieht, als könne er allem folgen. Er will sich auf keinen Fall blamieren. Wenn Sie das nicht kontrollieren, ist der Gesprächsfaden bald gerissen, und Sie machen zum Beispiel Absprachen, die ein Bewohner nicht versteht. Bitten Sie deswegen regelmäßig den Bewohner, etwas zu wiederholen, und verwenden Sie einfache Wörter. Achten Sie in solchen Situationen auch auf nonverbales Verhalten (Blickkontakt, Sitzhaltung usw.), weil ein Bewohner damit oft etwas andeutet.

Zurück zu dem Gespräch.

Der Prozessbegleiter fragt Arnold, was ihm beim Essen Schwierigkeiten bereitet hat. »Nach dem Beten habe ich mir das Essen aufgetan, und da sagte der Gruppenleiter, ob ich nicht zuerst den anderen Essen auftun wollte. Er soll sich da nicht einmischen; er denkt sicher, dass ich zu viel auf meinen Teller tu und dass die anderen zu wenig kriegen. Er mag mich nicht.«

»Stopp mal«, sagte der Prozessbegleiter, »du erzählst eine ganze Menge, und bevor ich es nicht mehr verstehe, will ich erst ein paar Fragen stellen, wie es genau abgelaufen ist.« Der Prozessbegleiter geht genauer auf den exakten Sachverhalt ein. Hatte der Gruppenleiter etwas mitgeteilt oder hatte er Arnold aufgetragen, den anderen das Essen aufzutun? Und war Arnold sofort ärgerlich geworden oder hatte er erst nach dem Warum gefragt?

Arnold kann sich nicht erinnern, ob der Gruppenleiter ihm einen Auftrag erteilt hatte, aber er denkt, dass es ein Befehl war. Wohl erinnert er sich an seine Reaktion: »Ich habe den Löffel hingeschmissen und gesagt: Rutsch mir den Buckel runter!«

Der Prozessbegleiter antwortet: »Ich glaube nicht, dass es schön ist, so zu essen. Es gefällt mir auch nicht, dass du gezwungen wurdest, erst allen das Essen aufzutun, ohne dass das verabredet worden ist. Aber vielleicht meinte es der Gruppenleiter doch anders, und du hast ihn falsch verstanden. Du müsstest noch mal mit ihm darüber reden.«

Im ersten Moment weist Arnold das zurück. Auf den Vorschlag des Prozessbegleiters, bei dem Gespräch mit dem Gruppenleiter dabei zu sein, geht er aber doch ein. Weil der Prozessbegleiter die Vermutung hat, dass ein Gespräch mit Arnold leicht in die falsche Richtung gehen kann, schlägt er des guten Verlaufs willen vor, es erst einmal zu üben.

In diesem Rollenspiel spielt der Prozessbegleiter die Rolle des Gruppenleiters. Während des Rollenspiels wird hauptsächlich auf die Art und Weise geachtet, in der Arnold seine Fragen stellt. Es zeigt sich, dass Arnold beim Fragenstellen Probleme hat. Für ihn steht die Antwort schon fest (geschlossene Frage – die Antwort liegt bereits in der Fragestellung). »Warum hast du gesagt, dass ich den anderen das Essen auftun muss?« Arnold geht davon aus, dass der Gruppenleiter das wollte. Die Folge ist Unvereinbarkeit, und der Sinn des Gesprächs ist verloren. Die richtige Frage in dieser Situation wäre: »Stimmt es, dass du mir sagst, ich muss das Essen auftun, ohne dass du es mit mir abgesprochen hast?« Mit einer solchen Fragestellung verändert Arnold etwas an seinem Vorurteil und gibt gleichzeitig dem Gruppenleiter Raum zu antworten.

Weil diese Art zu sprechen für Arnold neu ist, beschließt der Prozessbegleiter, bei dem Gespräch dabei zu sein. Er beteiligt sich nicht am Inhalt des Konflikts, sondern hält ein Auge auf Arnolds Art zu sprechen. In diesem Fall hatte der Prozessbegleiter im Voraus mit dem Gruppenleiter durchgesprochen, was Arnold lernen soll, damit auch er das berücksichtigen kann.

Während des Gesprächsbeginns zeigt sich, dass Arnold davon ausgeht, dass der Gruppenleiter ihm einen Auftrag erteilt hat. Er ist angespannt und nimmt keinen Augenkontakt mit dem Gruppenleiter auf. Um zu verhindern, dass sofort ein Streit entflammt, fragt der Prozessbegleiter Arnold, ob es gut wäre, wenn er die Leitung übernimmt und das Gespräch beginnt. Arnold findet das gut. Der Prozessbegleiter richtet sich daraufhin als Arnolds Vertreter an den Gruppenleiter.

Als erstes gibt er einen Bericht von der Situation, so wie sie bei Arnold angekommen ist. Der Gruppenleiter hört der Geschichte des Prozessbegleiters zu und sagt als dieser ausgesprochen hat: »Ich glaube, du musst dich ganz mies fühlen, Arnold, wenn es bei dir so angekommen ist.« In dem Moment mischt sich Arnold auch in das Gespräch ein: »Kümmere dich doch um deine eigenen Sachen.« Der Prozessbegleiter sagt daraufhin: »Arnold, hast du gehört, was der Gruppenleiter sagte?« Aus Arnolds Reaktion zeigt sich, dass er die Bemerkung nicht richtig verstanden hat. Der Gruppenleiter wiederholt das Gesagte und betont dabei das Wort »mies«. Prompt verschwindet Arnolds streitbare Haltung. »Es stimmt, dass ich es nicht gut fand, aber warum sagst du dann, dass ich erst den anderen das Essen auftun muss?«

Der Gruppenleiter gibt an, dass er es gemütlicher findet, wenn bei Tisch eine Atmosphäre entsteht, in der Menschen aufeinander Rücksicht nehmen. Ehe Arnold ihn unterbrechen kann, um zu sagen, dass er nicht der einzige ist, der an sich selbst denkt, räumt der Gruppenleiter ein, dass er das in der ganzen Gruppe zum Thema hätte machen müssen. Der Gruppenleiter findet es auch ungerecht, dass Arnold durch sein Auftreten den schwarzen Peter zugeschoben bekommen hat.

Hier kommen zwei Problemsituationen zur Sprache: Das egoistische Essverhalten von Arnold bei Tisch (das Arnold auch bei sich selbst entdeckt) und das falsche Eingreifen des Gruppenleiters, indem er Arnold als Individuum ansprach. Als wieder Verständnis zwischen Arnold und dem Gruppenleiter bestand, schlug der Prozessbegleiter vor, gemeinsam die Atmosphäre während der Mahlzeiten in der Gruppe zu besprechen. Beiden schien dies eine gute Idee zu sein.

Nach einem halben Jahr Prozessbegleitung zeigt sich, dass Arnold Fortschritte gemacht hat. Vor allem ist er weniger streitbar im Hinblick auf Mitbewohner und Gruppenleiter. Es hat auch eine Reihe von Gesprächen über unsere Erfahrungen mit seinen Eltern gegeben, sodass diese ernsthafter an Arnold herantreten und ihm zuhören, wenn er etwas zu erzählen hat, selbst wenn es in ihren Augen reine Fantasie ist. Die Folge ist, dass Arnold seine Eltern wieder häufiger besucht.

6.3 Fallbeispiel 2

In diesem Fall geht es um eine Bewohnerin, die bereits drei Jahre in der Wohnstätte wohnte, bevor wir überhaupt mit der Prozessbegleitung anfingen.

Annie

Annie ist 27 Jahre alt und kommt aus einer Familie mit Vater, Mutter, zwei älteren Brüdern und einer jüngeren Schwester. Annie ist 1985 in die Wohnstätte gekommen. Davor hatte sie seit ihrem neunten Lebensjahr in verschiedenen Wohnstätten gelebt. Außerdem hat sie in dieser Periode ein Jahr in einer Pflegefamilie gewohnt.

Als Annie zu uns kam, war sie eine sehr zurückgezogene Frau, mit der die Leitung kaum Kontakt aufnehmen konnte. Sie saß viel in ihrem Zimmer und hörte gern Musik. In der Gruppe war Annie um das Wohl ihrer Mitbewohner sehr besorgt. Dadurch wurde sie schnell beliebt. Seit ihrem 15. Lebensjahr hatte Annie keinen Kontakt mehr mit ihrer Familie. Darüber wollte sie auch entschieden nicht mehr sprechen.

In den letzten drei Jahren war Annie regelmäßig krank. Es waren jedes Mal unklare Beschwerden (Magenschmerzen, Übelkeit, Brechreiz). Auch war sie Stammkundin beim Hausarzt.

Wegen ihrer Beliebtheit hatte Annie regelmäßig Beziehungen von kurzer Dauer. Diese waren immer platonisch. Wenn sie unerwartet berührt wurde, geriet sie in Panik. Sie wurde dann zornig und zog sich in ihr Zimmer zurück.

Zu einem bestimmten Zeitpunkt gab es einen gehörigen Streit zwischen Annie und ihrer Betreuung. Vor allem stand ihr Kranksein zur Diskussion und die Tatsache, dass ihr nie etwas gut genug war.

Folgende Zielsetzungen wurden aufgestellt:

Zielsetzung für den Prozessbegleiter

- Annies Vertrauen gewinnen. Der dahinterliegende Auftrag ist, zu sehen, woher es kommt, dass Annie so oft krank ist, und warum es ihr so schwer fällt, etwas zu genießen.

Zielsetzung für Annie

- Wöchentlich ein Gespräch mit dem Prozessbegleiter halten, der versucht, sie zu verstehen, ohne dabei über richtig und falsch zu sprechen. Der Prozessbegleiter kann als Vertrauensperson angesehen werden.

Während der ersten Gespräche wurde ausschließlich über Dinge gesprochen, die ihr gefielen, wie Musik, Kleidung einkaufen usw. Dadurch entsteht ein besserer Kontakt zwischen Annie und dem Prozessbegleiter. Annie wurde immer offener in alltäglichen Dingen. Sie sagt, dass sie diese Gespräche angenehm findet. Aber jedes Mal hebt sie die Vertraulichkeit hervor. Auf den ersten Blick scheint sie Fortschritte gemacht zu haben.

Der Prozessbegleiter merkt aber an ihrer Haltung, dass er nicht zu nahe an ihr »Ich« kommen darf; dann erstarrt ihr Gesicht.

Während des Beginns der Prozessbegleitung ist das Schaffen einer vertrauensvollen Bindung eine wichtige Basis. Bedingung dafür ist, dass der Bewohner ernst genommen wird. Beim dritten Gespräch kam Annie auf einen Vorfall zu sprechen, worin sie negative Kritik an einem Gruppenleiter übte. In so einem Augenblick ist die Meinung des Gruppenleiters nicht von Bedeutung. Er darf die Sache dann nicht inhaltlich diskutieren. Wenn Annie etwas so findet, dann ist das ihre Meinung.

Als der Prozessbegleiter bei dem sechsten Gespräch fragt, wie Annies Leben früher aussah, erschrickt sie. Der Prozessbegleiter fragt, ob sie sich erschreckt hat. Annie gibt an, dass sie diese Frage schwierig findet, weil alles nicht so schön war. Darauf reagierte der Prozessbegleiter damit, dass sie nichts erzählen muss, wenn sie das nicht tun möchte, und dass er dafür Verständnis hat.

Eines der Dinge, die sie loswerden will, ist, dass sie eine Scheißjugend gehabt hat. Vor allem hasst sie ihre Mutter, weil diese sie niemals aufgefangen hat, wenn sie es schwer hatte. Als der Prozessbegleiter fragt, was sie unter schwer versteht, verspannt sie sich und bringt kein Wort mehr heraus. Der Prozessbegleiter fragt Annie, ob sie hier stoppen will. Sie bestätigt das.

Aus dem Gesagten wird deutlich, dass es wichtig ist, den Bewohner selbst bestimmen zu lassen und nicht forciert zu versuchen, das Gespräch in Gang zu halten, selbst wenn man nah am Kern der Sache ist. Vom eigenen Enthusiasmus angetrieben, will man dann gern weiterkommen. Die Körperhaltung eines Bewohners kann dann viel aussagen. Eine Fallgrube können auch eigene Interpretationen von Wörtern sein. Aus diesem Grund war es der richtige Weg, Annie zu fragen, was sie unter schwierig verstand. Der Prozessbegleiter wusste nicht, wie er am besten weitermachen konnte, und brachte das Problem in das Team ein. Es wurde vereinbart, Annies Vergangenheit vorläufig nicht anzurühren, sondern sich mehr mit dem Heute zu beschäftigen; vor allem mit ihrem Verhalten im Hinblick auf Mitbewohner und ihr häufiges Kranksein.

Während des folgenden Gesprächs spricht der Prozessbegleiter über die Rolle, die Annie in ihrer Wohngruppe spielt. Sie nennt eine Reihe von Namen von Mitbewohnern, mit denen sie sich viel beschäftigt. Diese Menschen nennt sie nicht Freunde. Auf die Frage, als was sie diese Mitbewohner denn ansieht, antwortet Annie, dass sie sie braucht, weil sie sich sonst nicht sicher fühlt. Sie kann sich z.B.

auf der Straße leicht ängstigen, und dann findet sie es gut, wenn Bekannte bei ihr sind. Sie sieht ein, dass sie ziemlich bestimmend auf ihre Mitbewohner wirkt, ihr Wille ist Gesetz. Damit hat sie aber keine Schwierigkeiten, weil sie merkt, dass Bewohner es angenehm finden, mit ihr zusammen zu sein.

Als das Gespräch auf ihr häufiges Kranksein kommt, erschrickt Annie (»bestimmt krieg ich jetzt eins aufs Dach ...«). Der Prozessbegleiter sagt jedoch, er glaubt, dass es für sie doch gemein sein muss, so oft krank zu sein. Annie antwortet darauf, dass sie schwer Nein sagen kann, wenn sie einen schwierigen Auftrag erhält; sie will sich bewähren, und dann gibts einen Schlag ins Kontor. Sie verabreden, dass Annie darüber mit ihrem Werkstattleiter reden wird, falls das nicht gelingt (dessen ist sich Annie beinahe sicher, weil sie Sorge hat, dass sie nicht verstanden wird), wird der Alltagsbegleiter sie begleiten, um sie zu unterstützen.

Der Prozessbegleiter merkt, dass das Vertrauen sich festigt. Nach der Konfrontation mit dem Thema Krankmeldung fing er keine Auseinandersetzung mit Annie an, worauf Annie ganz gut ihre Gefühle über ihre Schwierigkeiten nein zu sagen, aussprechen konnte. Während dieses Gesprächs übernahm Annie auch ihren ersten Auftrag. Trotz der Tatsache, dass sie das mit wenig Zuversicht tat, war es ein wichtiger Schritt für sie. Außerdem wurde ihre Position in der Gruppe und ihr für die Gruppenleitung schwer handhabbares Verhalten klarer. Annie fühlte sich oft ziemlich klein und unsicher, wollte sich das aber nicht anmerken lassen.

Das achte Gespräch

Das Gespräch an ihrem Arbeitsplatz war nicht so gelaufen, wie Annie es sich gewünscht hatte. Weil Annie nach Worten rang und zu stottern anfing, schlug der Prozessbegleiter vor, das Gespräch nachzuspielen.

Bei diesem Rollenspiel, worin der Prozessbegleiter die Rolle des Werkstattleiters übernahm, stellte sich heraus, dass Annie gesagt hatte, die Leitung habe sie geschickt, weil sie fand, dass Annie zu hart arbeiten müsse. Als der Prozessbegleiter sie damit konfrontierte, wurde es Annie deutlich, dass sie in diesem Fall die Leitung als Verantwortliche nach vorn geschoben hatte, weil sie es schwierig fand, das Gespräch zu beginnen. Annie erkennt darin ein Verhaltensmuster wieder. Auch in Situationen, in denen sie etwas erreichen will, nutzt sie Personen, die in ihren Augen überlegen sind. Sie gab dafür folgendes Beispiel:

»Als unsere Gruppe einen Urlaub plante, wollte ich gern an die See. Zwei andere konnten sich dafür nicht begeistern. Also habe ich den Namen eines Gruppenleiters benutzt, der es auch gut für uns fand, an die See zu fahren. Danach stimmte die Gruppe meiner Idee zu. Eigentlich ist das nicht ganz ehrlich, aber naja, manchmal hilft es schon.«

Der Gruppenleiter machte ihr ein Kompliment für die Tatsache, dass sie das eingesehen hatte. Sie sprachen miteinander ab, dass Annie gemeinsam mit ihrem Alltagsbegleiter noch einmal mit dem Werkstattleiter reden würde.

Im Teamgespräch wurde Annies Alltagsbegleiter informiert. So wusste er, wie er Annie bei dem Gespräch mit dem Gruppenleiter der Werkstatt beistehen konnte. In einer solchen Situation sollte nicht der Prozessbegleiter dem Gespräch beiwohnen, weil er dann Partei ergreifen und damit seine Funktion untergraben könnte.

Für Annie war es eine Entdeckung, dass sie in schwierigen Momenten die Verantwortung anderen übertrug (z.B. an die Gruppenleitung, an Mitbewohner, Gruppenleiter der Werkstatt). Der Prozessbegleiter ging davon aus, dass das aus Annies Unvermögen geschah, und machte ihr darum ein Kompliment für die Einsicht, die sie gewonnen hatte. Es ist wichtig, in einem solchen Fall ein Kompliment für die Tatsache zu machen, dass sie Einsicht in ihr Handeln gewinnt. Dies ist ein wichtiger und notwendiger Schritt, um sich wirklich verändern zu können.

Menschen werden in derartigen Situationen häufig im negativen Sinn mit ihren Handlungen konfrontiert. Annie hatte ja ihre Betreuer in ein negatives Licht gestellt, indem sie sagte, dass diese fanden, sie müsse zu hart arbeiten. Eine »logische« Folge wäre, dass Annie bestraft wird, weil sie lügt. Damit aber wird die Tatsache übergangen, dass Annie diese Handlung nicht bewusst einsetzt, sondern dass es aus Unvermögen geschieht.

Annie hatte ein Gespräch mit dem Gruppenleiter der Werkstatt und dem Alltagsbegleiter. Begeistert berichtet sie vom Inhalt des Gesprächs. Der Gruppenleiter hat ihr viel Verständnis entgegengebracht. Sie hat eine wichtige Funktion in der Abteilung im Rahmen von Verpackungsaufgaben und wird folglich sehr vermisst, wenn sie krank ist. Der Gruppenleiter sieht auch, dass Annie sich sehr verantwortlich fühlt und sich dann zu viel aufbürdet. Er hat aber noch nie mir ihr darüber gesprochen. Sie trafen die Absprache, dass beide darauf achten würden und dass sie am Ende der Woche besprechen wollten, wie es gelaufen ist.

Nachdem Annie fertig erzählt hat, fragt der Prozessbegleiter: »Wie denkst du nun über das Gespräch?« Annie antwortet: »Ich wusste nicht, dass er mich so gut findet.«

6.4   Fallbeispiel 3

In diesem Fall verfolgen wir die Prozessbegleitung eines Bewohners, der sehr schwer behindert ist. Wir beschreiben diesen Fall, um zu zeigen, dass diese Methode auch sehr gut bei Menschen mit einem niedrigen sprachlichen Niveau angewendet werden kann.

Kurt

Kurt ist 28 Jahre alt und hat sein Leben in zwei Einrichtungen zugebracht. Wegen Unzufriedenheit mit der Einrichtungspolitik und Verwicklungen zwischen seinen Eltern und der letzten Einrichtung wurde er von seinen Eltern als erwachsener Mann wieder nach Hause geholt, während seine Geschwister das Elternhaus verließen. Wegen seines aggressiven Verhaltens (schlagen und treten) und weil sie seine Erlebniswelt nicht verstanden, meldeten die Eltern Kurt über den sozialpädagogischen Dienst bei unserer Wohnstätte an.

Ziemlich bald nach der Aufnahme zeigte sich, dass Kurt eine ganze Reihe von Dingen, wie sein Zimmer sauber machen, persönliche Hygiene und Aufträge ausführen, recht gut beherrscht, sofern er dies nach seinem persönlichen festen Muster tun kann. Diese

Muster sind schwer zu durchbrechen, aber wenn das doch einmal geschieht, reagiert er oft mit seltsamen Wörtern oder Handlungen, die nichts mit der Situation zu tun haben.

Beispiel:
Ein Mitbewohner fragt Kurt, ob er mal einen Abend das Kartoffelschälen übernehmen könnte. Kurt gibt darauf keine direkte Antwort, er läuft weg und sagt wutschnaubend: »Ich steck die Wohnstätte in Brand!«

Wenn Kurt ein Spiel spielt (besonders gern mag er eines, bei dem runde Scheiben in verschiedene Öffnungen geschoben werden müssen) und es seine Schlafenszeit ist, dann hört er auf, ohne die anderen Bewohner zu berücksichtigen, die gern das Spiel zu Ende spielen möchten.

Kurt kann nur schwer mit Konflikten umgehen. Er hat gründlich gelernt, dass man keinen Streit miteinander anfangen und nicht böse oder missmutig sein darf.

Kurt wird regelmäßig von seinen Mitbewohnern gepiesackt. Dann sucht er Unterstützung bei der Gruppenleitung. Es kam aber einige Male vor, dass kein Leiter in der Nähe war, dann fing Kurt an zu schlagen und zu treten. Dadurch bekamen eine Reihe von Bewohnern Angst vor ihm. Auf der anderen Seite finden Mitbewohner es schwierig, Kurt ernst zu nehmen. Wegen seiner Bemerkungen, die niemand versteht, wird gelacht, und das hat zur Folge, dass Kurt sich noch mehr zurückzieht.

Zielsetzung für den Prozessbegleiter

● Kurt, in dem, was er sagt, ernst nehmen.
● Die Erlebniswelt von Kurt erkennen.

Zielstellung für Kurt

● Wöchentliche Gespräche mit dem Prozessbegleiter über das, was er in der vergangenen Woche erlebt hat.

Das erste Gespräch

Um Kurts Zutrauen zu wecken, durfte er selbst den Ort für dieses Gespräch bestimmen. Er entschied sich für das Büro. Zugleich schlug der Prozessbegleiter vor, das Gespräch mit Kurt auf dessen Kassettenrekorder aufzunehmen. Sie verabredeten, dass das Gespräch eine halbe Stunde dauern sollte.

In diesem Gespräch berichtet Kurt von allerlei für ihn wichtigen Dingen, die in seinem Leben geschehen sind. Das ergibt eine Ansammlung von Tatsachen, wie das Wohnen in einer Einrichtung, etwas von zu Hause (die Straßen), Ferien und dass er sich mal ein Bein gebrochen hatte. Dabei kann Kurt allerlei Details nennen, wie Jahreszahlen und Tage.

Der Prozessbegleiter merkt, dass Kurt ausführlicher über Dinge erzählt, wenn er ihm ruhig zuhört und bei Gesprächspausen abwartet. Mit Fragen wie: »Wie meinst du?« und »Was verstehst du darunter?« kann Kurt nichts anfangen. Er reagiert darauf, indem er irgendwie eine Antwort gibt oder die Frage wiederholt.

Nach dem Gespräch (es dauerte ungefähr 20 Minuten) hörten der Prozessbegleiter und Kurt gemeinsam das Band ab. Dabei zeigte Kurt mehr Emotionen (er lachte bei einer Anzahl von Passagen) als während des Gesprächs. Exakt nach einer halben Stunde stellte Kurt den Kassettenrekorder aus und stand auf, um zu gehen.

Das zweite Gespräch

Der Prozessbegleiter hatte Kurt vorgeschlagen, einige Fotos mitzubringen, die ihm gefielen und die er zeigen wollte. Kurt fand das gut. Das zweite Gespräch fand wieder in dem Büro statt.

Kurt hatte Fotos seiner Familie mitgebracht und eine Reihe von Fotos von Urlaubsreisen, die er gemacht hatte. Beim Ansehen konnte er nur sagen, wer auf den Fotos zu sehen ist und wo sie gemacht wurden. Auf die Frage, wie die Ferien denn waren, ging er nicht ein. Kurt sprach ziemlich monoton, wodurch es für den Prozessbegleiter sehr schwer war, sich ein Bild von Kurts Erlebniswelt zu machen. Der Prozessbegleiter beendete das Gespräch über die Fotos. Da Kurt vor kurzem mit Volkstanz angefangen hatte, fragte der Prozessbegleiter ihn, ob er etwas von dem vormachen könnte, was er gelernt hatte. Kurt kannte einen Tanzschritt und führte ihn vor. Und er genoss es sichtlich, als der Prozessbegleiter ihn fragte, ob er ihm das auch beibringen könnte.

Das dritte Gespräch

Vor Beginn des Gesprächs erklärte Kurt, dass er in seinem Zimmer sprechen wollte. Er war sehr angespannt. Er sagte sofort, dass er Streit angefangen hätte. Noch bevor der Prozessbegleiter näher darauf eingehen konnte, sagte Kurt spannungsgeladen: »Kein Streit, vertragen!« Das wiederholte er einige Male. Der Prozessbegleiter setzte sich neben Kurt und bat ihn, ihn anzusehen. »Kurt, du hast mit jemandem Streit gehabt, kannst du mir sagen, mit wem?« Kurt antwortete: »Jan darf nicht sagen, dass Kurt duschen muss.« Prozessbegleiter: »Hast du also Streit mit Jan gehabt?« Kurt: »Ja, und ich habe mir in die Hand gebissen.« Prozessbegleiter: »Darf ich die Hand mal sehen?« Kurt zeigte ihm die Hand. Er hatte einen ordentlichen blauen Fleck.

Der Prozessbegleiter blieb bei der schmerzenden Hand, weil die für Kurt im Vordergrund stand. »Das sieht mir nicht gut aus, Kurt.« »Nein«, antwortet Kurt, »das tut weh.« Der Prozessbegleiter macht einen Vorschlag: »Wenn du das nächste Mal ärgerlich bist, könntest du auch deine Hand ganz ordentlich mit der anderen Hand festhalten, statt dir in die Hand zu beißen.« Um den Vorschlag zu verdeutlichen, üben beide, wie man das macht. Kurt fand die Übung gut und kam zu dem Schluss, dass es so nicht wehtut.

Der Prozessbegleiter brachte den Konflikt mit Jan wegen des Duschens noch mal zur Sprache. Kurt wollte aber nicht darauf eingehen. Sie verabredeten miteinander, dass er sich bei Konflikten nicht beißen würde, sondern die andere Hand gut festhalten wollte. Kurt war auch mit dem Vorschlag einverstanden, bei einem Streit zu sagen: »Es gefällt mir nicht, dass du Streit anfängst«, und dann wegzugehen. Wenn so etwas geschehen würde, würde Kurt dem Prozessbegleiter davon berichten.

Bei diesem Gespräch ergab es sich zum ersten Mal, dass Kurt die Zeit nicht einhielt und dass der Prozessbegleiter das Gespräch beenden konnte. Er fragte Kurt, was er beim nächsten Mal tun wollte. Kurt antwortete kurz und bündig: »Spazieren.«

Ein paar Tage vor dem neuen Gesprächstermin berichtete Kurts Alltagsbegleiter dem Prozessbegleiter, dass dessen Mutter einen Platz in einem Altenheim kriegen würde und dass Kurt ziemlich eigenartig darauf reagiert hätte: »Meine Mutter darf nicht weg!« Das war für den Prozessbegleiter ein Grund, die Verabredung vorzuverlegen.

Kurt fängt sofort an, darüber zu sprechen, dass seine Mutter ins Altenheim gehen wird. Zum Zeichen, wie ärgerlich er ist, kneift er dann in seine Hand. Der Prozessbegleiter fragt Kurt, ob er böse ist. »Mutter muss zu Hause bleiben, Mutter darf nicht weg!« Der Prozessbegleiter fragt Kurt daraufhin, ob er weiß, in welches Altenheim seine Mutter gehen wird. Kurt antwortet: »Mutter soll nicht tot sein.« Um Klarheit zu gewinnen, fragt der Prozessbegleiter: »Kurt, meinst du, dass deine Mutter stirbt, wenn sie ins Altenheim geht?« Das bestätigt Kurt.

»Im Altenheim stirbst du.« Der Prozessbegleiter versucht, das zu entkräften, aber nichts hilft. Daraufhin schlägt er vor, einmal gemeinsam ein Altenheim zu besichtigen, damit Kurt sich selbst ein Bild davon machen kann. Damit ist Kurt einverstanden.

Besonders bei Menschen mit einem niedrigen intellektuellen Niveau geschieht es regelmäßig, dass sie für uns ganz selbstverständliche Wörter nicht verstehen. In dieser Situation assoziiert Kurt das Wort »Altenheim« mit »Sterben«. Er hatte nämlich eine Anzahl Bekannter gehabt, die in einem Altenheim gestorben sind. Wenn die Bedeutung eines Wortes für einen Bewohner und einen Gruppenleiter nicht dieselbe ist, dann ist dies eine Quelle von Missverständnissen, und das kann leicht Spannungen verursachen.

In diesem Fall handelt der Prozessbegleiter richtig. Er macht sich zusammen mit Kurt auf die Suche nach einer übereinstimmenden Bedeutung, sodass keine Distanz zwischen ihnen entsteht.

Um den Besuch im Altenheim weniger Furcht erregend zu machen, schlägt der Prozessbegleiter vor, die Mutter mitzunehmen. Kurt reagiert darauf mit Begeisterung. Auch die Mutter hält es für eine gute Idee. Zu dritt werden sie durch das Haus geführt. Besonders die große Küche beeindruckt Kurt sehr. Dort gibt es einen Koch mit einer großen Mütze auf dem Kopf, mit dem Kurt sich ein bisschen unterhält. Weiter schauen sie sich ein Zimmer an, den kleinen Laden des Heims und die Kirche. Der Prozessbegleiter bemerkt, dass Kurt in neuen Situationen seine Hand festhält. Als die Besichtigung beendet ist, trinken sie eine Tasse Kaffee. Kurt ist ganz ruhig und sagt:»Mutter wird hier wohnen und kriegt Essen aus der Küche.« Für Kurt ist nun klar, dass er sich keine Sorgen machen muss.

6.5 Schluss

Die drei geschilderten Fälle sind Darstellungen, auf welche Art und Weise Gespräche bei uns stattfinden. Wir arbeiten nun seit einigen Jahren mit dieser Methode und, wie gesagt, die Entwicklungen der Bewohner übertreffen unsere Erwartungen. Das hat zur Folge, dass sich auch auf praktischem und inhaltlichem Gebiet wesentliche Veränderungen in unserer Einrichtung ergeben haben.

So ist z.B. ein »Prozesszimmer« eingeführt worden. Das ist der Raum, in dem viele Gespräche geführt werden. Es gibt darin allerlei Spielmaterial wie Musikinstrumente, Ton, ein Puppenhaus und verschiedene Arten von Spielen. Außerdem ist ein Videogerät aufgestellt, um Gespräche aufnehmen zu können.

Weil das Team spezielle Fachlichkeit für nötig befand, arbeiten ein Logopäde (Sprechweise) und ein Spieltherapeut (nonverbale Kommunikation) stundenweise in der Wohnstätte. Das wurde möglich, weil der Hilfebedarf der meisten Bewohner deutlich abgenommen hatte. Es müssen weniger Gruppenleiter in der Gruppe anwesend sein, und die frei werdenden Mittel können in fachspezifische Förderung investiert werden. Darüber hinaus gehen die Gruppenleiter regelmäßig zu Fortbildungskursen, um mit ihren Kenntnissen auf dem Stand der Dinge zu sein und sich weiter zu entwickeln.

In Kapitel 7 gehen wir näher auf die Fähigkeit der Bewohner zur Selbsthilfe ein. Mit anderen Worten: Wie kann ein Bewohner gezielt praktische Tätigkeiten in den Griff bekommen, ohne dass er überfordert wird? Dabei handelt es sich um eine Arbeitsweise, die wir selbst entwickelt haben. Wir nehmen auch die Hilfe von Eltern und Familienmitgliedern, die auf freiwilliger Basis als Fachleute mitarbeiten, in Anspruch.

7. Praktische Fähigkeiten

7.1   Einleitung

In diesem Kapitel wird die Betreuung von Bewohnern beim alltagspraktischen Handeln beschrieben. Außerdem widmen wir uns der Organisation des Ganzen und der Berichterstattung, wobei der Faktor Zeit eine wichtige Rolle spielt.

In Abschnitt 7.2 gehen wir näher auf praktische Fähigkeiten ein. Was verstehen wir darunter, und was können Bewohner lernen? Dazu gibt es ein Beispiel, wie effizient gearbeitet werden kann.

Weil Aufgaben leicht unübersichtlich und zu komplex sein können (kochen zu lernen umfasst z.b. vielerlei Handlungen), haben wir zu jedem Teilgebiet eine Reihe von Aufgaben zusammengestellt (s. Kapitel 7.3). In Kapitel 7.4 beschreiben wir eine Matrix. Sie ist für den Betreuer leicht zu handhaben und unterstützt den Lernprozess des Bewohners. Nach der Beschreibung folgen in Anhang 1 zwei Beispiele einer ausgefüllten Matrix. Darüber hinaus bringen wir je ein Beispiel eines Auswertungsformulars und eines Planungsschemas.

Zum Schluss folgen in Anhang 2 Beispiele von Arbeitsblättern, die wir zusammen mit unseren Bewohnern entwickelt haben. Ein Arbeitsblatt ist vor allem für Menschen, die nicht lesen können, gut zu handhaben, damit sie die einzelnen Schritte verfolgen können, die sie unternehmen müssen, um eine bestimmte Tätigkeit zu erlernen.

7.2 Praktische Fähigkeiten

Praktische Fähigkeiten sind diejenigen Fähigkeiten, deren Ziel es ist, Bewohner selbstständiger und unabhängiger auf dem Gebiet des Wohnens, der Gesundheit, der Finanzen und des Verkehrs werden zu lassen. Weil es ein breites Spektrum von Fähigkeiten gibt, haben wir sie nach Entwicklungsthemen unterteilt. Dies geschah, um die Aufgaben für die Bewohner übersichtlicher zu machen.

Wir arbeiten in unserer Methode mit vier Themenbereichen:

- Thema 1: Kochen
- Thema 2: Haushalt, Handwerkliches und Gärtnern
- Thema 3: Hygiene, Kleidung, erste Hilfe
- Thema 4: Finanzen und Verkehr

Jedes Entwicklungsthema ist in kleine, übersichtliche Lehrschritte unterteilt. In Anhang 2 kommen wir ausführlich darauf zurück.

Die Bearbeitung von Entwicklungsaufgaben

Jeder Bewohner meldet sich für ein geeignetes und zweckmäßiges Entwicklungsthema an – mit dem Ziel, größere Selbstständigkeit zu erwerben. Das geschieht nach Beratung mit dem Alltagsbegleiter.

Unser Versuch, jeden Bewohner in eine für ihn geeignete Entwicklungsaufgabe einzubinden, zielt darauf ab, von vornherein zu verhindern, dass Bewohner Gefühle von Eifersucht gegeneinander entwickeln (»Ich bin so gut, ich darf mitmachen; du nicht«).

An jede Entwicklungsaufgabe tritt der Bewohner von einem für ihn sicheren Ausgangspunkt heran, d.h., er beginnt mit Handlungen, die er schon – teilweise – verrichten kann, oder mit etwas, das er besonders gern lernen will. Es kann sich um ganz einfache Lernziele handeln, z.B.: wie koche ich Kaffee oder Tee?

Die Zeit, die für die Bearbeitung eines Themas angesetzt wird, beträgt ungefähr sechs Monate. Auf Wunsch können Bewohner ein Thema mehrmals durchnehmen.

Für Entwicklungsaufgaben nutzen wir intensiv die Zeit der arbeitsfreien Tage der Bewohner. Das Resultat unserer Arbeitsweise ist, dass ein Bewohner lernt, selbst mitzubestimmen, was er kann und was nicht, und dass er schließlich mitentscheidet, ob er selbstständiger wohnen will oder doch lieber in der Wohnstätte bleibt.

Die Arbeitsweise des Teams

Für eine fundierte Organisation der Lehrgänge schlagen wir folgende Struktur vor:

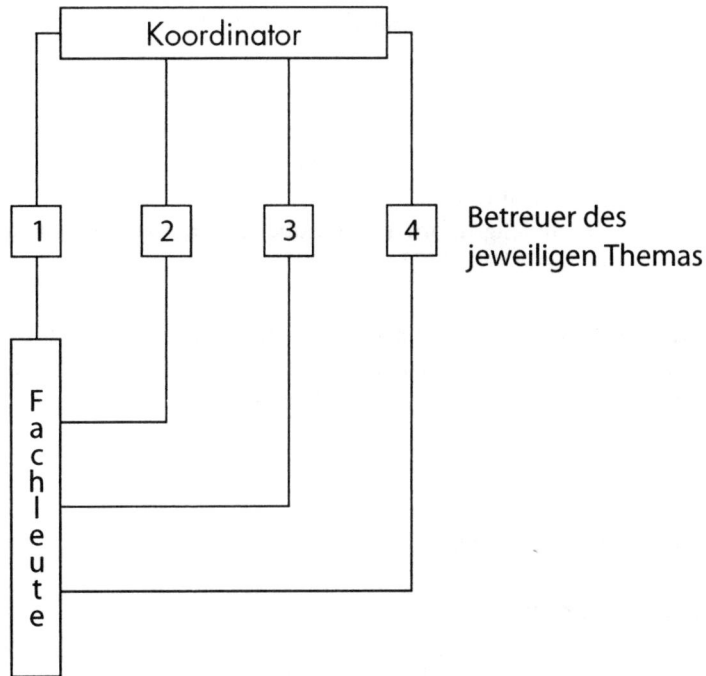

Der Koordinator:
- stellt nach Absprache mit dem Alltagsbegleiter eine Liste der Bedürfnisse des Bewohners auf,
- übernimmt die Einteilung der Themen,
- stellt die Tagesordnung der Teamberatungen zusammen und leitet diese,
- trägt die Verantwortung für den guten Verlauf.

Die Betreuer der einzelnen Themen:

- bestimmen die Inhalte und arbeiten die Themen aus,
- planen die Lehrgänge,
- delegieren die Ausführung an Fachleute des jeweiligen Themas,
- assistieren bei Bedarf dabei,
- schaffen und unterhalten die Kontakte mit den Fachleuten.

Die Fachleute:

- führen die Themen aus,
- geben regelmäßig Informationen über den Entwicklungsstand des Bewohners.

Jedes Thema wird mit einem Diplom abgeschlossen, um den Bewohnern deutlich zu machen, dass es damit beendet ist. Wettstreit sollte vermieden werden – Teilnahme ist wichtiger als Ergebnisse.

7.3 Übungsbeispiele

Thema 1: Kochen

In diesem Themenkreis behandeln wir:

a) Kochen und eventuell backen;
b) Einkaufen, Haushaltsbudget, Umgang mit Geld;
c) Tischmanieren, servieren;
d) Hygiene.

Wenn die Beschäftigung mit dem Thema nach einem halben Jahr beendet ist, sollte eine Reihe von Zielen erreicht sein. Dabei sind das Niveau der Bewohner, ihre Möglichkeiten und Interessen zu beachten. Das heißt, jeder wird auf seine Weise sein Ziel erreichen.

a) Kochen und eventuell backen

Zielsetzung:

Am Ende der Beschäftigung mit dem Thema kann der Bewohner eine einfache Mahlzeit, bestehend aus Vorspeise, Hauptgericht und Nachtisch zubereiten.

Übungsfragen:

- Was willst du kochen?
- Wie stellst du ein Menü zusammen? (Menülehre)
- Was weißt du sowohl in praktischer als auch in theoretischer Hinsicht von dem Essen, das du zubereitest?
- Wie fängst du beim Kochen an? Was tust du zuerst? (Lehren des chronologischen Vorgehens bei der Arbeit)
- Wie viel Zeit wirst du brauchen?
- Welche Mengen brauchst du von den Zutaten?

b) Einkaufen, Haushaltsbudget, Umgang mit Geld

Zielsetzung:

Am Ende der Beschäftigung mit dem Thema kann der Bewohner im Rahmen des Haushaltsbudgets die Dinge einkaufen, die zum Bereiten der Mahlzeit nötig sind.

Übungsfragen:

- Welche Dinge musst du für das Essen einkaufen?
- Wohin gehst du zum Einkaufen?
- Wie viel Geld darfst du ausgeben?
- Welche Mengen brauchst du?

c) Tischmanieren, servieren

Zielsetzung:

Am Ende der Beschäftigung mit dem Thema hat der Bewohner gute Tischmanieren, das Decken des Tisches und das Servieren der Mahlzeiten geübt.

Übungsfragen:

● Wie benutzt du das Besteck?
● Welches Besteck brauchst du zu welcher Mahlzeit?
● Was sind gute Tischmanieren und warum ist das so?
● Wie deckst du den Tisch und was brauchst du dafür?
● Wie servierst du das Essen?

d) Hygiene

Zielsetzung:

Am Ende der Beschäftigung mit dem Thema hat der Bewohner etwas über Fragen der Hygiene rund um die Küche gelernt. Er weiß damit umzugehen und hat auch etwas über seine persönliche Hygiene gelernt.

Übungsfragen:

● Was ist Hygiene und warum ist sie wichtig?
● Was geschieht, wenn du Nahrungsmittel liegen lässt oder wenn du die Küche nicht gründlich säuberst?
● Worauf musst du achten, wenn du Lebensmittel kaufst? (Qualität und Haltbarkeitsdatum)
● Wie hältst du eine Küche sauber?
● Warum ist es wichtig, dass du selbst sauber bist, wenn du kochen willst, und was passiert, wenn du das mit schmutziger Kleidung und schmutzigen Händen tust?

Thema 2: Haushalten, Handwerkliches und Gärtnern

In diesem Themenblock behandeln wir

a) Saubermachen und Pflege der Wohnung;
b) Gärtnern;
c) Instandhaltung und kleinere handwerkliche Dinge rund ums Haus.

a) Saubermachen und Pflege der Wohnung

Zielsetzung:

Am Ende der Beschäftigung mit dem Thema muss der Bewohner ein oder mehrere Zimmer sauber machen und pflegen können.

Übungsfragen:

● Was muss alles geputzt werden?
● Was für Material brauchst du dafür?
● Wie benutzt du das?
● In welcher Reihenfolge arbeitest du?
● Wie oft musst du sauber machen?
● Warum musst du sauber machen?

b) Gärtnern

Zielsetzung:

Am Ende der Beschäftigung mit dem Thema soll der Bewohner einige Basiskenntnisse und Erfahrungen in Bezug auf Unterhaltung und Pflege des Gartens und Wissen, was in jeder Jahreszeit dort grünt und blüht, gewonnen haben.

Übungsfragen:

- Was wächst im Garten?
- Wie wird die Aussaat vorbereitet?
- Wie versorgst du die Pflanzen?
- Wie pflegst du den Garten?
- Wann, wo und wie kannst du am besten etwas pflanzen?
- Welche Geräte brauchst du im Garten?

c) **Instandhaltung und kleine handwerkliche Aufgaben rund ums Haus**

Zielsetzung:

Am Ende der Beschäftigung mit dem Thema muss ein Bewohner mit einfachen Werkzeugen umgehen können, abhängig von den Fähigkeiten, die er bereits beherrscht.

Übungsfragen:

- Welche Werkzeuge gibt es?
- Wie gebrauchst du sie?
- Was kannst du damit machen?
- Welches Werkzeug brauchst du für welches Material?

Thema 3: Hygiene, Kleidung und erste Hilfe

In diesem Themenblock behandeln wir

a) körperliche Pflege;
b) Pflege der Kleidung;
c) erste Hilfe.

Zielsetzung:

Zum Schluss hat der Bewohner die genannten Themen kennen gelernt. Dabei wurden die Möglichkeiten des Bewohners berücksichtigt, vor allem aber auch seine Interessen.

a) **körperliche Pflege**

Übungsfragen:

● Wie pflege ich meinen Körper? (waschen, abtrocknen, welche Seife wofür, Hautkrankheiten)
● Was ist Hygiene? (Händewaschen, frische Kleidung, Toilettenhygiene)
● Wie muss ich meine Zähne pflegen? (Zähne putzen, was macht ein Zahnarzt, Mundhygiene, Erkrankungen der Zähne)
● Was genau ist der Einfluss schlechter Essgewohnheiten und Genussmittel auf den Körper? (Übergewicht, Zigaretten, Alkohol, Drogen)
● Wie kann ich mich schöner machen? (Kosmetikerin, Make up auftragen, abschminken)

b) **Pflege der Kleidung**

Übungsfragen:

● Was für Arten von Kleidung hast du? (Sommer-, Winter-, Arbeits-, Sport-, Ausgehsachen)
● Wie musst du deine Kleidung waschen? (Waschanleitung, Gebrauch der Waschmaschine, Handwäsche, Waschmittel, Weichspüler, Auslüften)
● Wie kannst du Wäsche trocknen? (Wäschetrockner, Wäscheständer, Wäsche zusammenlegen, bügeln)

- Wie kannst du kaputte Kleidung reparieren? (Socken stopfen, Knöpfe annähen, Reißverschluss einsetzen, Namensschildchen in die Kleidung nähen)
- Wie kannst du lernen, Kleidung selbst herzustellen? (stricken, nähen, häkeln, Stoffe färben, Stoffe bearbeiten)
- Wie pflegst du deine Schuhe? (putzen, besohlen)
- Worauf musst du achten, wenn du Kleidungsstücke oder Schuhe kaufen gehst? (richtige Größe, Preis, Qualität)

c) **Erste Hilfe**

Übungsfragen:

- Was gehört alles in den Verbandskasten?
- Wie gehst du mit den Erste-Hilfe-Sachen um? (einfache Handlungen wie die Versorgung kleinerer Wunden)
- Wie gehst du mit Medikamenten um?
- Wann und wie viel nimmst du ein?
- Wo und wie bewahrst du sie auf?
- Was musst du tun, wenn jemand ohnmächtig wird, Nasenbluten hat, einen epileptischen Anfall bekommt, von einem Insekt gestochen wird ...?

Thema 4: Finanzen und Verkehr

In diesem Themenblock behandeln wir:

a) Bank- und Postbankangelegenheiten;
b) Verwaltungsangelegenheiten;
c) Umgang mit wichtigen Papieren;
d) Sozialleistungen;
e) öffentlicher Verkehr;
f) Einkäufe.

Zielsetzung:

Am Ende dieses Themenkomplexes soll der Teilnehmer mithilfe des Betreuers eine Reihe von Antworten auf die im folgenden genannten Fragen gefunden haben; dabei werden die Möglichkeiten des Teilnehmers, seine Vorlieben und die zur Verfügung stehende Zeit berücksichtigt.

a) Bank- und Postbankangelegenheiten

Übungsfragen:

- Welche verschiedenen Münzen und Geldscheine gibt es?
- Wie bezahlst du eine Rechnung, und mit welchen Banknoten oder Münzen geht das?
- Wie kontrollierst du das Wechselgeld?
- Welche Sparmöglichkeiten gibt es?
- Wie eröffnest du ein Bankkonto?
- Wann und wie hebst du bei der Bank Geld ab?
- Wie oft gehst du zum Geldabheben und wie viel nimmst du dann?
- Wie bezahlst du Rechnungen durch die Bank?
- Wann (ver)leihst du Geld?

b) Verwaltungsangelegenheiten

Übungsfragen:

- Welche Einkünfte hast du?
- Was ist der Unterschied zwischen Brutto und Netto?
- Was steht alles auf deiner Gehaltsabrechnung?
- Welche Ausgaben hast du? (fixe Kosten und unvorhergesehene Ausgaben)

c) Umgang mit wichtigen Papieren

Übungsfragen:

- Wo bewahrst du wichtige Papiere auf?
- Wann und wofür brauchst du wichtige Papiere?
- Wie lange sind deine Papiere gültig und wie kannst du dir das merken?

d) Sozialleistungen

Übungsfragen:

- Was ist das?
- Welche Ansprüche hast du?
- Wie machst du sie geltend?

e) Öffentlicher Verkehr

Übungsfragen:

- Welche Arten von öffentlichem Verkehr gibt es?
- Wo bekommst du Sammelfahrscheine, Zugfahrkarten usw.?
- Wie funktioniert ein Bus- oder Zugfahrplan?
- Wie orientierst du dich im Bahnhof und an der Bushaltestelle?

f) Einkäufe

Übungsfragen:

- Wann machst du deine Einkäufe?
- Wie legst du fest, welche Einkäufe du machen musst?
- In welchen Geschäften kannst du einkaufen?
- Was werden deine Einkäufe ungefähr kosten, wie viel Geld musst du ungefähr mitnehmen?

7.4 Arbeitsweise beim Selbstständigkeitstraining

In diesem Kapitel geben wir eine Übersicht darüber, wie beim Selbstständigkeitstraining von Bewohnern einer Wohnstätte methodisch gearbeitet werden kann. Um das deutlich zu machen, ist es sinnvoll, den Beginn und den weiteren Verlauf zu beschreiben.

Eine Matrix ist ein Schema, in dem der methodische Aufbau eines Themas ausgearbeitet werden kann. Jede Matrix enthält eine Zielstellung. Jede Zielstellung wird als Teil eines Gesamtziels angesehen. Im Grunde aber geht es um die Ausgangssituation eines jeden Bewohners, in der bekannt ist, was er bereits beherrscht. Es kann allerdings auch sein, dass das nicht bekannt ist. Dann muss man sich danach erkundigen, oder es muss im Schema angegeben werden, dass in der Tat nichts bekannt ist.

Im Anhang (S. 123, 125) sind zwei ausgefüllte Schemas einer Matrix abgebildet. Wir haben dafür zwei häufig vorkommende Lernsituationen ausgewählt.

Die Matrix enthält im oberen horizontalen Balken vier Kolumnen.

Die erste Kolumne nennt den Lernstoff. In dieser Säule sollen übersichtlich die inhaltlichen Seiten der Lernaufgaben angegeben werden. Es muss dabei auf die Notwendigkeit geachtet werden, dass der Lernstoff in kleinen Schritten angeboten wird. Darüber hinaus soll es praktisch und anschaulich sein. In dieser Säule sollen auch die Hinweise auf mögliche Arbeitsblätter stehen.

Die zweite Säule steht für Arbeitsweisen und Arbeitsformen. Darin werden z.B. alle Aufgaben des Begleiters, die er während eines Themas ausführen muss, angegeben.

Die dritte Säule betrifft die Organisation. Das bedeutet die Zusammenfassung in folgendem Sinne: Wer muss was, wann, wo und auf welche Weise tun? U.a. wird hier also die Aufgabenverteilung genannt.

Die vierte Säule heißt »Material«. Das spricht für sich. Eigentlich hätte das auch in der vorigen Säule angegeben werden können, aber der Übersicht wegen ist es leichter, wenn man von vornherein erkennt, welche Materialien nötig sind.

Im vertikalen Balken stehen drei Kolumnen.

Die erste benennt die Einleitung. Mit der Einleitung beginnt man, um zum Kern der Sache zu kommen. Das Ziel ist, den Bewohner zum Ausarbeiten eines Themas zu motivieren.

Die zweite Spalte nennt das Zentrum. Im Zentrum erfolgt die Ausübung dessen, was als Ziel genannt ist. Der Bewohner führt den Auftrag aus.

In der dritten Spalte erfolgt die Evaluation. In der Evaluation wird mit dem Bewohner durchgegangen, was Lehrstoff war und was der Lerneffekt ist. Kurzum, ob der Bewohner etwas gelernt hat. An dieser Stelle kann auch der Lernstoff eines folgenden Themas durchgenommen werden, sodass der Bewohner etwas dazu sagen kann und also Mitsprache bei den Lerninhalten hat.

Schließlich gibt es noch eine separate Spalte für die *Zeiteinteilung.* Sie dient unter anderem dazu, deutlich zu machen, wie viel Zeit einer Sache gewidmet werden kann. Das muss aber keine detaillierte Planung sein. Einleitungen sind meistens kurz. Das Zentrum nimmt die meiste Zeit in Anspruch. Die Auswertung kann wieder kurz sein. Beim Zeitansatz muss berücksichtigt werden, welche Zeit ein Bewohner braucht, um motiviert zu sein und zu bleiben.

Nach Abschluss eines Themas soll der Begleiter für sich eine Auswertung machen. Das Auswertungsformular findet sich auf S. 126.

Folgenden Fragen wird nachgegangen:

● Haben die Bewohner das Ziel erreicht?
● Habe ich die Anfangssituation richtig eingeschätzt?
● Wie ist die Unterrichtseinheit verlaufen hinsichtlich Zeit, Inhalt usw.?

Das Formular ist auch eine Art Bericht, in dem alle auffälligen Dinge aufgeschrieben werden können.

Schließlich ist es sowohl für den Bewohner wie auch für den Mitarbeiter wichtig, eine Übersicht zu haben, damit alle Aktivitäten gezielt verfolgt werden können. Auf S. 127 ist das Schema einer (Jahres-)Planung abgebildet.

Anhang

Matrix

Thema 2: Saubermachen und Pflege der Wohnung

Unterrichtseinheit: Fenster putzen und abledern

Zielsetzung:

Ich möchte erreichen, dass der Bewohner am Ende dieser Unterrichtseinheit ein Fenster putzen und abledern kann.

Anfangssituation:

Der Bewohner hat noch nie ein Fenster geputzt und abgeledert.

Zeit		Lerninhalt	Arbeitsweise/-form	Organisation	Material
10 Minuten	EINLEITUNG	Information	Der Betreuer informiert, verdeutlicht und stellt Fragen. Er zeigt das Arbeitsmaterial. Der Bewohner sucht das Material aus und vergleicht es mit den Angaben auf dem Arbeitsblatt.	Betreuer und Bewohner sitzen gemeinsam am Tisch.	Arbeitsblatt Trittleiter Schwamm Fensterleder Eimer Wischer Spiritus Wasser
20 Minuten	ZENTRUM	Der Bewohner schaut zu und lernt vom Betreuer, der etwas vormacht. Danach beginnt er, selbst praktisch zu üben.	Der Betreuer macht die Handlung vor und gibt dabei Informationen weiter. Der Betreuer erteilt den Auftrag, gibt Anweisungen, kontrolliert und hilft mit.	Ein Fenster ist freigeräumt worden, die Pflanzen sind von der Fensterbank heruntergenommen, die Gardinen vor dem Fenster sind abgenommen. Das Fenster kann geputzt werden.	Siehe oben
10 Minuten	AUSWERTUNG	Die benötigten Materialien werden durchgesprochen. Die Reihenfolge der Arbeitsschritte soll von den Bewohnern genannt werden. Wegräumen des Materials.	Der Betreuer kontrolliert, was gesagt wird. Wiederholung von Arbeitsweise und Vorführung. Der Betreuer erteilt Aufträge.	Der Betreuer sitzt mit den Bewohnern am Tisch.	Siehe oben

Thema 3: Erste Hilfe

Unterrichtseinheit: Eine Schnittwunde versorgen

Zielsetzung:

Ich will, dass der Bewohner am Ende dieser Einheit eine kleine Schnittwunde verbinden kann und dabei hygienische Erfordernisse berücksichtigt.

Anfangssituation:

Der Bewohner kennt Wundpflaster und weiß sie zu verwenden.

Zeit		Lerninhalt	Arbeitsweise/-form	Organisation	Material
10 Minuten	E I N L E I T U N G	Wie verbindest du eine kleine Wunde? Die Bewohner schauen zu und lernen, wie man eine Wunde verbindet.	Über eigene Erlebnisse sprechen. Der Betreuer erklärt anhand des Arbeitsblattes. Er zeigt das Material und teilt es an alle aus.	Von Anfang an ist klar, welche Dinge nötig sind.	Arbeitsbogen Desinfektions-Seife Saubere Handtücher Watte Jod Vaseline/Salbe Gaze Verband Pflaster Schere
20 Minuten	Z E N T R U M	Die Bewohner machen praktische Übungen und – achten dabei auf hygienische Erfordernisse, – lernen, einen Verband anzubringen und – sorgfältig mit dem Verbandszeug umzugehen.	Der Betreuer gibt Anweisungen, kontrolliert und hilft, wo nötig.	Die Teilnehmer A und B verbinden. Die Teilnehmer C und D sind »verwundet«.	Siehe oben
10 Minuten	A U S W E R T U N G	Es werden Fragen gestellt: – Warum hast du es so gemacht? – Was ging gut? – Was war schwierig? – Welche Materialien brauchst du?	Der Betreuer stellt Fragen und schreibt seine Beobachtungen auf. Er achtet darauf, dass das Verbandszeug weggeräumt wird.	Der Betreuer und die Bewohner sitzen gemeinsam am Tisch.	Stift und Papier

Auswertungsformular

Thema: ....
Teilthema: ....
Datum: ....
Name des Bewohners: ....
Name des Betreuers: ....

Zielsetzung	Anfangssituation

Einleitung

Zentrum

Auswertung

Übersichtsplan

Verkehr und Finanzen

A = Mit dem Zug fahren
B = Haushaltsbuch
C = Mit dem Bus fahren
D = Auf dem Bahnhof Bescheid wissen

				Mitarbeiter
1	2	3	4	Bewohner
B *80 E*	A *12 E*			November
B		C		November
B	A *12 E*			November
B		C		November
	Ferien			Dezember
B		C	D	Dezember
B		C	D	Dezember
	Ferien			Dezember
B	A *12 E*		D	Januar
B		C	D	Januar
B	A *12 E*			Januar
B		C		Januar
				Februar
				Februar
				Februar
				Februar
				März
				März

Gesamtausgaben

Arbeitsbögen

Erste Hilfe: Eine Schnittwunde versorgen

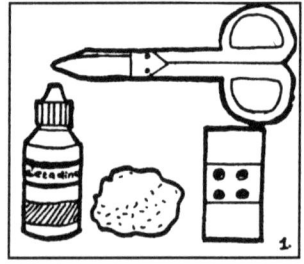

Du brauchst:
Jod
Watte
Pflaster
Schere

Tropfe Jod auf die Watte und reinige die Wunde.

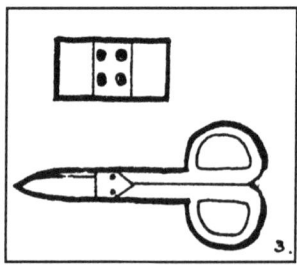

Schneide ein Stück Pflaster ab.

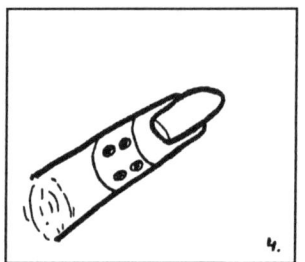

Klebe das Pflaster auf die Wunde.

Der Vogel

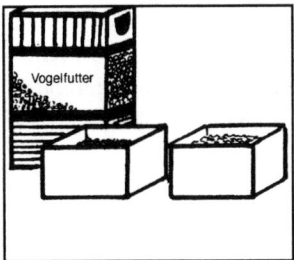

Du brauchst jeden Tag:
1 Schale frisches Wasser
1 Schale Vogelfutter

Der Vogelkäfig darf nicht in der Zugluft stehen.

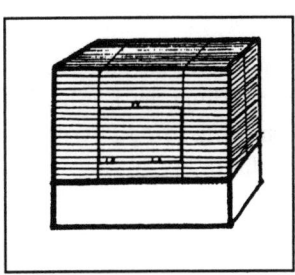

Einmal in der Woche reinigst du den Käfig.

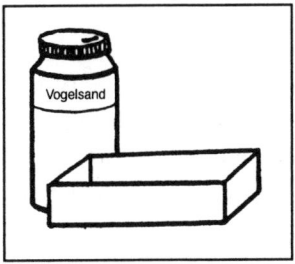

Zuerst schüttest du den alten Vogelsand aus der Bodenschale. Diese Schale reinigst du mit Seifenwasser und trocknest sie ab. Jetzt schüttest du eine neue Lage Vogelsand hinein.

Mit dem Bus fahren

Du kaufst eine Karte für mehrere Fahrten am Automaten oder beim Busfahrer.

So sieht eine Karte für mehrere Fahrten aus.

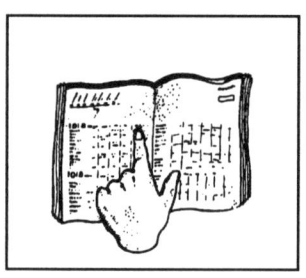

Im Busplan schaust du nach, welche Nummer der Bus hat, der dich dahin bringt, wo du hin möchtest.

Gehe zu der Bushaltestelle, auf der diese Nummer steht. Wenn der Bus ankommt, gibst du dem Busfahrer die Fahrkarte und sagst ihm, wohin du willst.

Mit dem Taxi fahren

Rufe das Taxi an und sage, wo du bist.

Das Taxi kommt und holt dich ab.
Du sagst dem Fahrer, wo du hin willst.

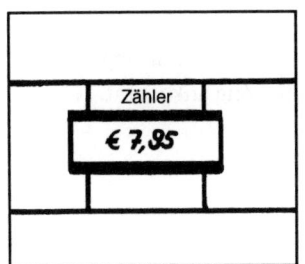

Es gibt im Taxi eine Zähluhr, auf der gezeigt wird, wie viel du bezahlen musst.

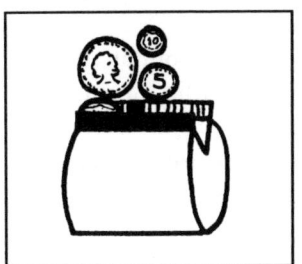

Wenn du an deinem Ziel ange-kommen bist, bezahlst du und steigst aus.

Mit dem Zug fahren

Im Fahrplan kannst du nachsehen, mit welchem Zug du fahren musst, und um wie viel Uhr der Zug abfährt.

Kaufe eine Fahrkarte am Schalter im Bahnhof.

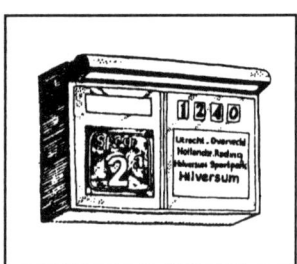

Gehe zu dem Bahnsteig, auf dem der Zug ankommt.

Wenn der Zug kommt, steigst du ein und suchst dir einen Platz.
Der Schaffner stempelt deine Fahrkarte ab.

Suppe kochen

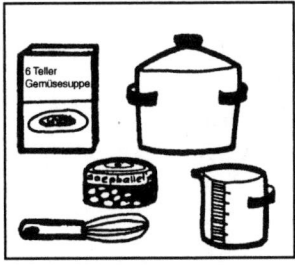

Du brauchst:
1 Tüte Gemüsesuppe
1 kleine Dose Suppenklößchen
1 Topf
1 Messbecher
1 Schneebesen

Bringe eineinhalb Liter Wasser
zum Kochen. Schütte die Suppe
aus der Tüte hinein. Rühre mit
dem Schneebesen um.

Schütte die Suppenklößchen
hinein.

Jetzt kommt der Deckel auf den
Topf.
Die Suppe 10 Minuten leicht ko-
chen lassen.

Kartoffeln kochen

Du brauchst:
Kartoffeln
Kartoffelschäler
Topf mit Wasser
Salz
Sieb

Schäle die Kartoffeln. Spüle sie
dann noch einmal ab.

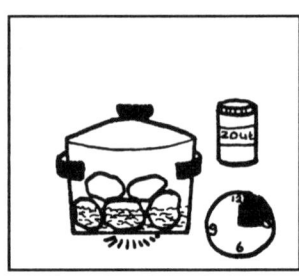

Gib die Kartoffeln in den Topf.
Tu so viel Wasser hinein, dass
die Kartoffeln gerade bedeckt
sind. Schalte die Herdplatte ein.
Wenn das Wasser kocht, schalte
die Platte runter. Nach ungefähr 15 Minuten sind die Kartoffeln gar.

Gieße die Kartoffeln in das Sieb.
Danach kommen sie noch einmal in den Topf, um kurz zu
trocknen.

Kaffee kochen

Fülle die Kaffeekanne mit Wasser.

Gieße das Wasser in die Kaffeemaschine.

Setze eine Papiertüte ein. Da hinein kommt für jede Tasse Kaffee ein Löffel Kaffeepulver.

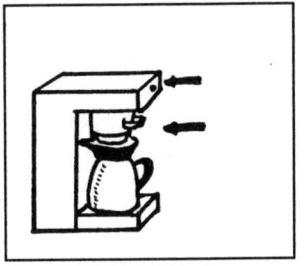

Setze den Filter auf die Kanne und schiebe beides in die Kaffeemaschine. Danach musst du das Gerät einschalten.

Ein Namensschild einnähen

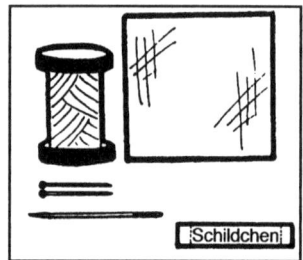

Du brauchst:
1 Namensschild
1 Rolle Garn
1 Nadel
2 Stecknadeln
1 Stückchen Stoff
1 Schere

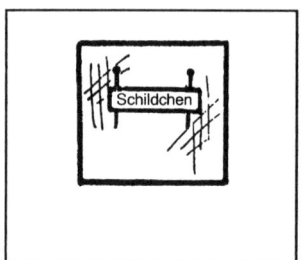

Stecke das Namensschildchen mit den Stecknadeln auf den Stoff.

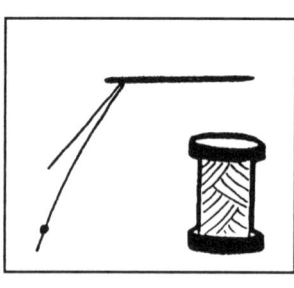

Fädele den Faden in die Nadel ein.

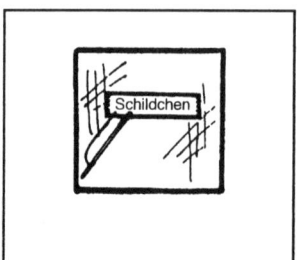

Nähe das Namensschildchen mit kleinen Stichen fest. Danach musst du den Faden vernähen und abschneiden.

Einen Knopf annähen

Du brauchst:
1 Knopf
1 Rolle Garn
1 Nadel
1 Stückchen Stoff
1 Schere

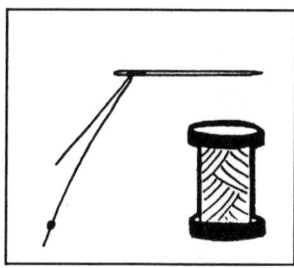

Fädele den Faden in die Nadel
und mache am Ende des Fadens
einen Knoten.

Leg den Knopf auf den Stoff
und steche die Nadel durch die
Knopflöcher.

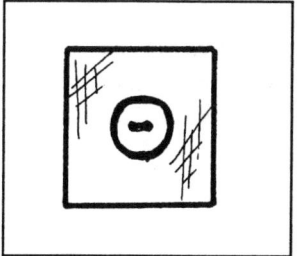

Wenn der Knopf fest sitzt,
musst du den Faden vernähen
und abschneiden.

Ein Gummiband erneuern

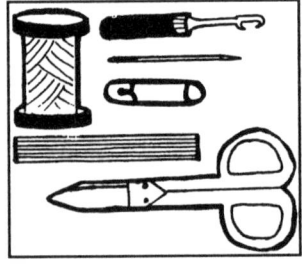

Du brauchst:
Schere, Gummiband
1 Sicherheitsnadel
1 Trennmesser
1 Rolle Garn
1 Nadel
1 Unterhose, deren Gummi-
band kaputt ist

Öffne eine Naht und hole das
Gummiband heraus.

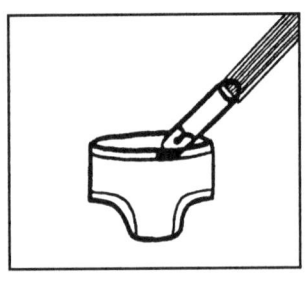

Stecke das neue Gummiband
an die Sicherheitsnadel und
schiebe es durch den Tunnel.

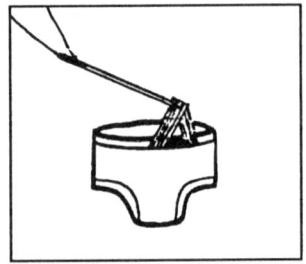

Wenn du durch bist, nähe die
zwei Enden aneinander.
Dann musst du die Naht wieder
schließen.

Einen Flicken annähen

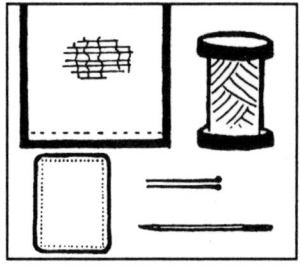

Du brauchst:
1 Flicken
1 Rolle Garn
1 Nadel
Stecknadeln
1 Schere
1 Hose mit einem Loch

Stecke den Flicken über dem Loch fest.

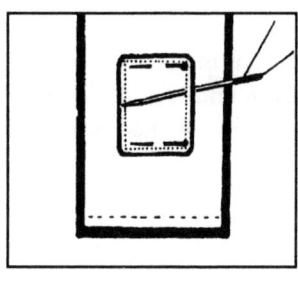

Nähe den Flicken ordentlich fest.

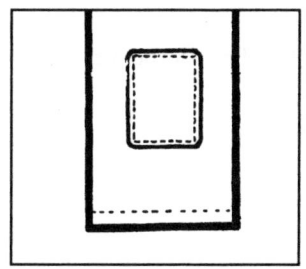

Vernähe den Faden und schneide ihn anschließend ab.

Ein Brett anstreichen

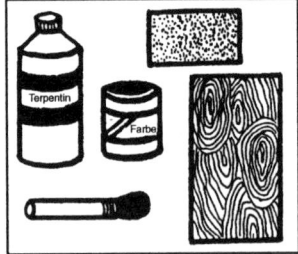

Du brauchst:
1 Brett
1 Dose Farbe
1 Pinsel
1 Stückchen Sandpapier
1 Flasche Terpentin

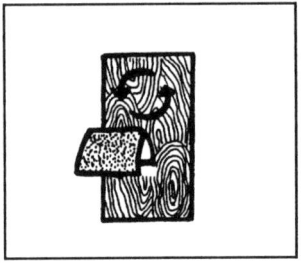

Schmirgle das Brett.

Streiche das Brett
– erst hin und her,
– dann von oben nach unten.

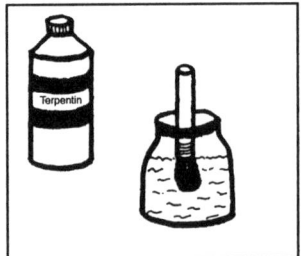

Den Pinsel mit Terpentin reinigen.

Eine Leiste sägen

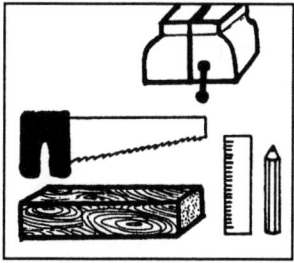

Du brauchst:
1 Leiste
1 Säge
1 Schraubstock
1 Lineal
1 Bleistift

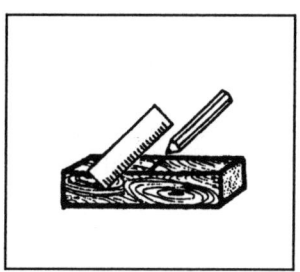

Ziehe mit Bleistift und Lineal eine Linie, wo du die Leiste durchsägen willst.

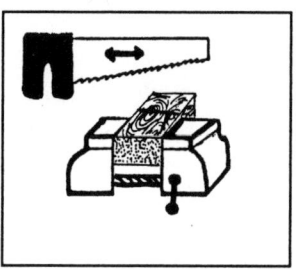

Klemme die Leiste in den Schraubstock, säge entlang der Linie.

Einen Nagel in ein Brett schlagen

Du brauchst:
1 Brett
Nägel
1 Hammer

Nimm den Nagel und schlage ihn ins Brett.
– Pass auf, dass du nicht auf deinen Daumen schlägst,
– paß auf, dass du den Nagel nicht krumm schlägst.

Ein Loch bohren

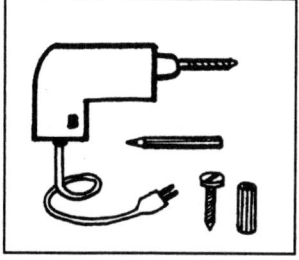

Du brauchst:
1 Bohrmaschine
1 Bleistift
1 Dübel
1 Schraube

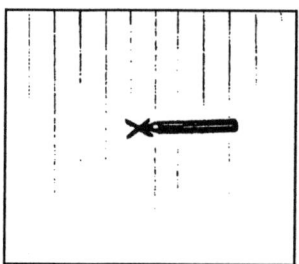

Zeichne ein Kreuz auf die Tapete, wo das Loch hin soll.

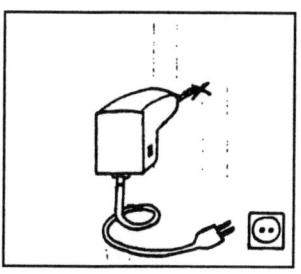

Stecke den Stecker in die Steckdose und bohre vorsichtig ein Loch in die Wand.

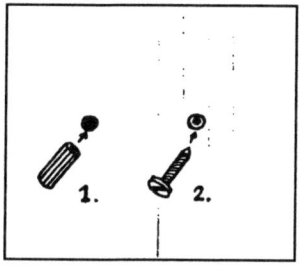

Stecke den Dübel in das Loch. Danach kannst du die Schraube in den Dübel drehen.

Literaturverzeichnis

Bogerd, Aart/Arnold Hendriks/Harry Renders: Begeleiding van verstandelijk gehandicapten. H. Nelissen, Baarn 1990.

Egan, G.: Helfen durch Gespräch. Ein Trainingsbuch für helfende Berufe. Beltz Edition Sozial. 3. Auflage 1996.

Gordon, T.: Luisteren naar kinderen. Elsevier, Amsterdam/Brüssel 1970.

Haaren, J. van: Macht en onmacht in individu en groep. H. Nelissen, Baarn 1985.

Haaren, J. van: Ik begeleid en help. H. Nelissen, Baarn 1989.

Heijkoop, J.: Herausforderndes Verhalten von Menschen mit geistiger Behinderung. Neue Wege der Begleitung und Förderung. Beltz Edition Sozial, Weinheim/Basel 1998. Niederländisch: Vastgelopen. H. Nelissen, Baarn 1991.

Kingma, T.: Zorg voor geestelijk gehandicapten. Samson uitgeverij, Alphen aan den Rijn/Brussel 1980.